销售
就是要拿结果

少帅——著

中国 友谊出版公司

图书在版编目（CIP）数据

销售就是要拿结果 / 少帅著 . -- 北京 : 中国友谊
出版公司 , 2025. 5. -- ISBN 978-7-5057-6114-8

Ⅰ . F713.3

中国国家版本馆 CIP 数据核字第 20253R35X2 号

书名	销售就是要拿结果
作者	少帅
出版	中国友谊出版公司
发行	中国友谊出版公司
经销	北京时代华语国际传媒股份有限公司　010-83670231
印刷	唐山富达印务有限公司
规格	690 毫米 × 980 毫米　16 开
	16.75 印张　249 千字
版次	2025 年 5 月第 1 版
印次	2025 年 5 月第 1 次印刷
书号	ISBN 978-7-5057-6114-8
定价	58.00 元
地址	北京市朝阳区西坝河南里 17 号楼
邮编	100028
电话	（010）64678009

自序

以"拿结果"之心，重新定义销售

产品存量时代，掌握销售力，就是掌握了新时代的财富密码。

任何产品没有卖出去之前都是成本！为什么原有的销售方式会失效？因为现在的客户已经经历过各种销售方式，比如电销、路边推销、陌拜以及传统的会销等。只有理解现在的客户心理，才能真正开启新时代销售的大门。

我是少帅，被行业诸多头部 IP 誉为"连麦战神"，曾创造过在 70 分钟内销售 237 单单价为 365 元的产品的纪录，还曾在 5 天时间内通过连麦销售单价 1.98 万元的产品，累积销售额近 200 万元。我个人的私域粉丝有 1 万多个，年变现超千万元，而这背后的核心离不开我对新时代销售方法的深刻理解与洞察。

现在的客户，已经不喜欢直接被推销，而是更倾向于先验货、先体验，后下单。特别是现在的客户对推销已经产生免疫甚至是反感。他们不喜欢过度营销或被硬推销，而是更喜欢"种草"式的营销。所以，掌握了"种草"式的、先体验式的销售方法，就相当于开启了产品卖爆的密码。

比如，我通过朋友圈不断种草，很多人甚至把我的朋友圈当作样板去学习，也因此拿到了很好的结果。因为朋友圈是最能有效触达客户的阵地，且可以围绕不同角度去"种草"。特别是对于高客单产品，发朋友圈是必备的选项。我有很多客户都是看了我的朋友圈后主动向我付费的。朋友圈经营好了，就相当于在线上打造了一个"超级旗舰店"。

为什么销售一定要拿结果？因为，产品只有卖出去才能帮到客户，当然前提是产品本身要好。所以，如果你的产品好，请你一定要卖出去，帮助客户拿到结果。做销售没有信念感，是很难突破销售中各种卡点的。至于如何突破，什么是"种草"式的销售，以及销售的不同场景，比如朋友圈、社群、直播间等，这本书会详细与你分享！

我曾经是英语教培业转化率最高纪录持有者（97% 转化率），曾经创造了小流量大变现的成绩，并且帮助英语提分、升学规划、眼视力防护、健康水解决方案、女性成长、私域电商、IP 发售、打磨好课、人脉关系、HR 课程、IP 美学、AI 获客等不同领域实现了销售业绩的提升。

所以，这本书请你一定要认真阅读、认真体悟，并做好笔记。我相信你一定会通过本书重新理解销售、重新开启销售、重新定义销售，提升销售业绩，甚至爱上销售，拿到结果！

购买本书的朋友，可添加我的微信号shaoshuailaila（记得备注"新书"），我会赠送你一份"高价值定位的 30 条心法"，作为购买我新书的礼物！

少帅
2025 年 5 月于长沙

目录

1 PART
销售的基本心法

PART 2
朋友圈成交

3 PART
一对一成交

PART 4
一对多成交

PART 5
高客单成交

6 PART
流程管理　持续成交

销售的
基本心法

销售就是要拿结果

多年来，我一直专注于销售行业。摸爬滚打中，我逐渐意识到，销售的最终目标，就是要拿结果。

有了"冲结果去"的想法之后，我做销售的目标变得更加简单和清晰，那就是帮助客户找到真实的问题。问题解决了，结果自然就有了。

"销售就是要拿结果"这个意识的出现，经历了比较长的一个周期。其中，让我印象比较深刻的，是这个意识的萌发过程。

"拿结果"意识的萌发

"拿结果"意识的萌发过程中，先后出现过三个关键节点：

第一，亲身感受到，专业能力对"拿结果"的帮助。

刚上初中时，我的成绩在班级中属于中等。为了提高成绩，我找我哥给我补课。期末考试，我的成绩有了很大的提高。

我顺便分享给同班同学，没想到吸引了几十个同学付费跟我哥学习，这让我意识到"专业呈现"是建立信任最好的方式。

第二，切身体验到，外在因素对"拿结果"的影响。

进入高中之后，我因为暑假提前学习了高一的内容，成绩在全班名列第一，所以班主任给我开了很多绿灯，比如班级的钥匙，最佳的上课位置等。但是到了高二，我满脸都是青春痘，这让我陷入了自卑中。受此情绪影响，我的成绩有些下滑，由此体验到外在因素对"拿结果"的重要性。

第三，深刻理解到，"拿结果"的目的是什么。

我曾向雪佛兰汽车最高销售纪录保持者乔·吉拉德学习销售，他说"一切成交是为了爱"，如果你的产品能帮到别人，你有责任和义务把好产品告诉客户，至于选不选是他的事。从那一刻开始，我意识到，当你有好产品的时候，就要全力以赴去帮助别人。

这三个关键节点的出现，让我头脑中的"拿结果"意识越来越清晰。又经过四个阶段的演进之后，"拿结果"成为我无往不利的销售心法之一。

"拿结果"的四个演进阶段

第一阶段，大学二年级，自学英语。我自学了一年多，有点"走火入魔"，讲的英语没人能听懂。于是，我开始听免费讲座。一般情况下，我都会坐在教室最后一排，最靠近门的位置。只要老师提到收费，我就会拿着免费资料离开教室。就这样，我一直只能听到一些浅显的英语知识，没有系统地学习，所以一直没有学会。

后来，我在湖南师大的历史学院，听到一个老师讲课，他讲课很有方法，告诉我们课程的原价是 1980 元，现场报名只要 980 元，还送一个限额的赠品——价值 2000 元的光盘。课程 980 元，赠送的光盘卖 2000 元，让我有一种赚到便宜的感觉，于是我立马就付费了。

当时，我旁边的同学说，你不怕被他骗了吗？他的办公室都不在这里。我说没关系，即使被骗，我也得了个光盘。从那天起，我意识到学英语要刻意练习。整个寒假我都没回家，我在湖南师大图书馆读了八天七夜的英语，从带有口音的英语发音，练习到能标准发音。

后来，我又报了他的讲师班，学完一系列课程之后，成为疯狂英语高考特训营讲师，还参加了 CCTV "希望之星" 英语风采大赛，进入全国总决赛，获得线上前 5 名的好成绩。

经历过这件事情后，我第一时间感受到，销售是有方法的，一定要让客户当场下单。我本身排斥培训，排斥营销和收费行为。但是从一定程度上来说，如果老师没有送光盘、限名额，让我有紧迫感，我是不会行动的。

我很感谢那位老师，他给了我改变自己的机会。同时，我产生了很强烈的、想帮助更多人的想法。因此，我后来帮他在学校里招生，哪怕没有多少介绍费，也帮他转介绍。在这个过程中，**我意识到真正好的销售并不是靠话术和套路，而是靠走心。当你真诚地想帮助一个人，就一定能帮到他。**

在转介绍的过程中，我也遇到过各种各样的情况。比如，有的学员不相信自己，心理上有卡点，我就帮他疏通卡点，鼓励他报名；有的学员被人伤害过，被割过韭菜，我就给他们做担保。

做了一段时间，我在行业里小有名气。许多资产千万级别公司的老板、高管，都听过我讲的公开课。

第二阶段，大四成为教培市场部的负责人。 当时，我管理着很多总监和一线市场精英，带他们开晨会，给他们讲课，人生第一次写 SOP（标准作业程序），批量复制销售讲师。

我花了四五天时间，把线下课升单的所有方法完整地总结出来。我写了一个近万字的完整文档，至今依然留存着。

这个阶段，我意识到销售是有 SOP、有流程的，要具备可复制的能力，而不是靠自己单打独斗。我的重心要从感性的经验，上升到方法论的总结。

第三阶段，自己开公司。2014 年，我跟疯狂英语的第一任教学总监，合伙在安徽做了一家教培公司。我的初始创业基金只有 1000 块，每天都要考虑生存问题，而我的合伙人已经财务自由了，在多地买了房子。我们的差距很大，一旦一个月内没做起来，他有可能就不和我合作了，所以我的压力特别大。

当时，我们没兵没将，想要开拓市场，把业绩做起来，就需要深入一线。因此，我要确保关键节点不出错，确保演讲成功。演讲想成功，到场率高是前提，到场率高转化起来更容易。那要怎么办呢？我想到了发传单。

我们的第一场公开课，发出去 300 多张传单，招了近 100 人，现场又转化 50 人进训练营，转化几十人参加长期班。仅仅一个月，我们的业绩就达到 50 多万元。

这套方法，我用到全国各地，开分校时也很好用。发传单真正解决了引流问题、获客问题。

这对我现在做 IP，也很有帮助。做 IP 的人，能在视频号 1000 多粉丝的情况下，把账号做起来，核心是我们理解什么是精准获客。而做短视频、做直播，就是发传单行为，为了精准获客，需要别人信任我，愿意尝试我的产品。

第四阶段，也就是现在，我赋能了很多行业。拿到"大结果"之后，我开始赋能更多的行业。比如，2021 年营收近亿的女性头部商业 IP，以及抖音大号"陈翔创业圈"。接触不同行业之后，我发现完成转化要结合行业的温度。

比如，女性头部商业 IP 的主要客户是女性群体，我要考虑她们对温度的理解，考虑女性的感受。否则，就会像我第一次在女性头部商业 IP 直播间讲课一样，闹出很多乌龙。主要原因在于，我长时间面对大学生，讲话有点幽默风趣，有时用词造句尺度比较大。在一个纯女性的场域中，有些表达方式是不妥的。

至于"陈翔创业圈"的客户群体都是一些做实体企业的人。他们跟女性群体不一样，要讲得更直接，更有数据化思维，他们才会认可。

到了自己做 IP、做视频号，我要考虑视频号、朋友圈、社群场景，所以我开始研究群体特质化和场景化。

再之后，我开始赋能更多行业的学员，比如做英语提分的、升学规划的，我同样要充分考虑每个行业所需要的温度跟说话的分寸，包括它的场景。后面我们细分到视频号连麦，把连麦场景化。我在连麦过程中发现，不同的 IP，特质不一样，提供的福利、呈现的状态也不一样。

比如，在私域电商行业做到一年 25 亿销售额的高海波，他在直播间讲得很专业，但是缺乏情绪、互动以及通俗易懂的语言，所以我就成为高海波的直播间成交顾问，负责把专业术语转化为大白话、调整情绪和增强互动。

私域高客单发售头部 IP 肖厂长很善于讲干货，但直播间缺乏互动、情绪和节奏，我就帮厂长连麦，助力成交，在 2023 年 3 月的发售中，直播间达成了近 400 万 GMV（商品交易总额），我个人出单占比 50% 左右。

做家庭教育的人，直播间特别有温度感，我在讲话时的温度感就要跟他适配，直播间的赠品搭配，也要符合家庭教育 IP 的场域和需求，我讲课的语音、语调，都要做适当的调整。

这个阶段，我就发现要去了解不同的行业、不同的人群、不同的场景特点，要了解不同行业的温度，要了解不同人的情绪氛围的制造。

冲着结果去，能找到客户真实的问题

通过这么多经历的回顾，对于"销售就是要拿结果"这个理念，我的理解是：没有结果的过程，就是无意义的。如果不冲着结果去，觉得自己已经把信息传递给了客户，选不选是他的事，会很容易把责任丢给客户，从而导致你拿不到结果。

当然，也有一种可能，那就是全力以赴去做，依然拿不到结果。

但是，我始终相信，只要思想不滑坡，办法总比困难多。第一种办法不行，就试第二种办法。因为我发现，在要结果和不要结果这两种状态下，人所迸发的潜能，所给出的方法、福利、诚意，是完全不一样的。

当你决定要拿结果，你会想尽一切办法，克服所有困难。客户不回信息，你会想怎么让他回；客户直播时没有下单，你会想怎么让他下单。这个努力的过程，对销售人员来说，成长是巨大的。

这本书叫《销售就是要拿结果》，意思很明确，就是要帮客户拿到解决方案，让他因此解决方案受益，提高工作效率。当所有人都奔着结果去的时候，我们就能找到客户的真实问题，并且找到一些真实的方法去帮助他。在这个过程中，你会有巨大的成长，客户也会有巨大的成长，这会激发你巨大的潜能。

很多时候，我们都会低估自己的潜能。工作中也一样，大家会觉得自己只是在做一项工作。然而，人一旦带着目标去做工作，和旁人的差距就拉开了。我做事情就是这样，一定会有目标。

比如，我写这本书，目标是创造小流量也能出爆款书的纪录。有了这个目标，我在写书、推书的时候，都会竭尽全力，为实现目标而努力。如果大家也想像我一样，冲着结果去，我给大家两个很有用的方法。

1. 道、法、术、器

想拿结果，肯定得多维度地努力，道、法、术、器四个维度都要有。道，指的是你的发心，你要明白你的愿景是什么；法，指的是你的方法论；术，指的是你的程序、流程；器，指的是你要有工具，就是你的行动清单。

也就是说，如果你想拿到结果，不光要有满腔热血，还要有方法。你需要知道，节奏太快，客户会觉得被冒犯了；节奏太慢，客户便没有兴趣，导致热度过去了。所以，我们要根据客户状态，看客户目前对你的信任度，匹配对应的方法，再去帮客户拿到结果。

综上，销售除了发心正，还要有流程、有方法，循序渐进地根据客户的情况、客户的状态，匹配相应的方法，综合性地拿到最好的结果。

2. 客户分层

当然，即使道、法、术、器都有了，也有可能拿不到结果。另外一个方法，就是客户分层。所谓分层，是把客户的意向度分为 abcde 几个不同的等级。有的客户只要听你讲马上就会下单；有的客户需要先"种草"，后面才有成交的可能；还有的客户，不符合我们的客户画像，这类客户就需要果断放弃。

把客户分层之后，可以根据客户的意向度、信任度、需求度、紧急度，来匹配不同需求。而且，每一个产品都要有适配的对象。比如，如果客户有钱但时间不够，就要一步到位，如果你给他推荐低价课，那就浪费了对方宝贵的时间。再比如，身心灵的产品不能卖给手头拮据的人，因为对这类人而言，赚钱养家才是他们最重要的目的。如果你把产品卖给他，第一，你可能搬起石头砸自己的脚；第二，他没有支付能力。如果强硬卖掉，最后的效果也可能并不好。

从这个角度来说，销售就是把产品匹配给适合的客户，然后，根据客户的情况，给他安排不同价格的产品。比如，有些人找书香学舍主理人刘 sir 共创出书，他可能不会马上付 30 万元的费用，而是先花 9800 元进书香学舍的社群听课；有些人可能也不会花这 9800 元，只是听听直播课，了解了解就结束了。对于不同类型的人，就要有不同的销售方法。

上面的方法用完了，如果还拿不到结果，那就要找原因了。比如，这个产品适合吗？价格能不能优惠一些？人群够不够精准？时机是否到了？对方的需求跟卡点解决了吗？

这个时候不要着急。因为当你一心想与客户成交，客户反而不会跟你成交；当你心太急的时候，客户更容易拒绝。你到底是在与客户成交，还是在成就客户，客户都能感受得到。

我想告诉大家的是，拿结果是一个倒逼自己成长的过程。因为，对你而言，你是否决定拿结果，内在的成长完全不一样。当你决定拿结果，那一刻你就会迸发出巨大的潜能。如果不拿结果，就是伪成长，在忽悠自己。

老板为什么成长快？就是因为他要面对现实，得养活员工，他必须拿结果，不然公司就倒闭了。所有做销售的人，如果想让自己成长得更快，就要直逼结果。现在，我砍掉纯咨询产品，直接拿结果帮客户操盘。并且，直接采用"对赌"方式付费。这个过程，也是倒逼我成长，帮助我拓宽生命的广度。

最后，大家不妨思考一下，如果你是一个销售，你是否会抱着拿结果的心态去做销售？如果你现在拿不到结果，你觉得阻碍你拿结果的因素有哪些？不妨列一个清单出来。

销售的价值坚守

很多销售为了拿下订单，会不择手段，甚至采取一些过激的方式。短期来看，销售可以把产品卖给不合适的人。但长久来看，这种做法无异于杀鸡取卵。因为客户是我们的根，用这种方式收割客户，割多了就没根了。

正是因为这种"割"客户现象的存在，导致现在很多行业的销售变得很难做。原因并不是客户没有需求，而是客户被割怕了。

我们现在去实体店，内心也是害怕的。我们担心刚走进店面，就有导购过来引导我们"今天购买有 ×× 优惠"……甚至目的性强一点的销售，还会一直缠着你，缠到你下单为止。

有些"成功学大师"也在"割"客户。很多成功学的线下课是强销售的，老师在台上讲，助教老师在下面强迫每个人报名。他们的方式过于激进，过于以利益为导向，而不是为了成就客户，因此会导致客户很不舒服。

有一次，某成功学老师的助教给我打电话，说：

少帅老师，您要不要听我的课？

我说：

不好意思，最近有点忙。

他说：

　　您是不是在找借口？

我说：

　　我没找借口，今天确实有点忙。

他说：

　　成功者都不喜欢找借口，喜欢找方法。您看忙的原因是
什么？是因为您不够成功。

　　你会觉得这个人没有认真地倾听你的需求，只是在套用一套话术。他过度地想拿结果，但又没有挖到客户的真需求、真痛点，并给出一个完善的解决方案。这种销售就叫"杀鸡取卵"，导致客户有一段时间不敢参加线上课。很多人甚至一听到音乐、看到舞蹈，就知道举办方要给自己打鸡血、洗脑，让自己付款了。

　　所以，真正好的销售，要做到适可而止，把好的产品卖给对的客户，这才是一种成就。否则，就是一种伤害。

　　前面我用例子为大家讲述了销售中存在的"割"客户现象。那么，想要避免"割"客户，成为一名好的销售，我觉得有一点很重要，就是知道我们的产品能够帮助什么人解决什么问题。

　　一听我说要帮助人，很多人就不理解了。明明是我要求别人买我的产品，为什么说是我帮他？想要理解这个"帮"，你需要知道，表面看客户买的是我们的服务，实则买的是我们的专业。弄清楚这一点，你才不会有甲乙方思维。比如，我付给刘 sir30 万元做项目。按甲乙方思维来说，我是甲方，处于主导地位。但是，我不会觉得我付了钱，我就很厉害，刘 sir 就应该被我支配。反而，

我很愿意听刘 sir 的安排，因为我知道他是用专业来给我赋能的。

当乙方的时候，我依然坚持这个原则。不管多大的咖位，付我再多的钱，在我面前，他们都得听我的。如果他们不听我的，我就帮不到他们。

价值观是销售的前提

我认为，想要成为一名好销售，前提是拥有自己的价值观。这里的价值观，有往上走和往下走两个方向。

往上走，拉近你跟客户的关系。

很多人做销售时，对个人的定位很低，觉得自己就是卖产品的，一上来就让客户觉得他是来推销的。而真正专业的销售，能够跟客户建立起帮助与被帮助、成就与被成就的关系。他们是提供解决方案的顾问，能够平等地与客户沟通。

这也是为什么我在直播间跟大咖连麦，大家觉得我很淡定，不卑不亢，让人很舒服。因为我的价值就是把大咖的专业话语翻译成客户听得懂的语言。如果直播间的朋友有需求，我就帮他下单。在这种情况下，我很明白自己的定位是什么。

往下走，守住底线。

在合作之前，有些人，你一看就知道他不适合你的产品，比如预期太高，有负债等，这种客户就不能收。我曾看到某个网红因给穷人"画大饼"而爆雷。他跟客户说，你花 3 个月的时间就可以改命。但事实上，"改命"是一种无稽之谈，完全是忽悠人的。我们提供给客户的，应该是适合他的一条路径。

价值观和拿结果是相辅相成的

至于价值观和拿结果，我觉得是相辅相成的。有好的价值观，才能拿到好的结果。当我知道这个客户的价值观跟我比较契合，产生了想帮他的想法，就能激发我无限的潜能，从而去寻找很多解决问题的方法。

俗话说"千金难买我愿意"，价值观直接决定了我做或不做。只要我决定做，我就全力以赴做好；决定不做，那是因为价值观不匹配。

有价值观的销售更高级

销售员如果没有价值观，在销售的时候，就会没有边界感和分寸感，更不会筛选客户，看到谁都想与之成交。这类销售员属于最初级的销售。因为他不了解客户画像及客户需求，上来直接推销。这种推销的本质是对立行为，会导致销售员给客户推一个他可能不需要的产品，客户不仅会反感，甚至会不自觉地产生排斥感。

而一个有价值观的销售员则会做一些分析。比如，我会先跟客户聊需求，看客户需不需要我的产品。需要我的产品，我再继续深入；不需要，可能会加微信，然后持续去"种草"，但是不会再做过多的行为。这种方式能让客户更愉悦地接受。

想训练自己成为这种有价值观的销售，大家不妨试试以下方法。

1. 相由心生：通过自己的状态去"感染"别人

很多人在直播间见到我，说从我身上感受不到任何销售感，包括我给客户做案例，他们也会说我没有一点攻击性。

所谓"相由心生"，人的动机，会通过表情、形象等很多细节展现出来。一个长时间处于功利状态的销售，会具备攻击性。如果你有很强的成交欲，你的这种攻击性会通过面相展露出来。别人跟你相处，能明显感觉到不舒服，几乎没有愉悦感。

至于如何判断自己是否功利，我会借助于客户的反馈。每场活动结束之后，我们都会问客户，参与这场活动的感受怎么样，是感到舒服还是不舒服，攻击性是强还是不强。同时，也会诚恳地请他提建议，如果发现有需要改进的，我会立马改进。比如，如果客户说这场活动营销过多，我就把一部分营销环节去掉；如果客户说这场活动干货太少，我就增加干货比例；如果客户说干货太多，我就减少干货比例，增加训练环节。此外，还可以看客户有没有给我推荐客户，有没有转介绍，有没有复购。

本质上，销售既是一种对内行为，也是一种对外行为。我们在看周边反馈的同时，也要发挥自我的调节作用。当你找到一个平衡点，就可以通过一种舒适的方式，更好地完成销售。如果在这个过程中，你也感到不舒适，正好可以检视自己的行为，检视自己的价值主张。

2. 不要给自己贴标签

很多销售人员会给自己贴标签，觉得自己只是底层的销售员，难有自信。一旦有这样的想法，底层逻辑就出了问题。你不妨问问自己，做销售到底是卖东西，还是帮客户？当你觉得是在帮客户，你的配得感就会提升，你会有更大的决心和勇气，迸发出更多的方法。当然，如果你总是不自觉地给自己贴标签，也请不要焦虑，不妨试试这三种方法：

（1）改变语言习惯。

比如，告诉自己，我们不是卖产品，而是为客户提供解决方案。这一语言习惯改变之后，你就会形成一种习惯、一种信念、一种新的思维方式。

（2）意识到销售的底层逻辑是"卖自己"。

我会分析自己到底擅长什么，不擅长什么，我能为客户提供什么价值。在此基础上，我会筛选产品，筛选对应的合作对象，并对他负责。只要你在我这里下单，我就能提供对应的价值，而且我也能确保按照品质交付。因此，我很坚定地相信，我能帮助客户。

（3）看不同的人怎么做销售。

为什么有些人攻击性强？因为他没有见过更大的世界。有可能带他入行的师傅，就有很强的攻击性。如果带他入行的是一个很温和的师傅，他会意识到，不用那么强的攻击性也能把销售做好。

比如董宇辉，他在直播带货时连产品都不讲，但就是让人觉得非常舒服。因为他用的是文化，用的是对读书人的高认同来打动客户，本质解决的是强人设问题。所以，我现阶段的目标，就是通过内容、专业和人设来吸引客户。

市场在不断地淘汰旧人旧物，像成功学那种目的性太强的课程，总会慢慢地减少。现在的 IP 圈，以交付为主的线下课人数开始变多。就是因为市场在反向教育这一拨人，大家被教育完之后，愿意慢慢去优化。

综上，已经为大家讲完了如何成为一个有价值观的销售。如果你的价值观本身就很正，那你很容易学会这套方法；如果你是一个团队管理者，招人的时候，也可以试着去招募那些不具有强销售、强营销属性的人。如果他销售目的很强，你可以把他过滤掉。

另外，我希望能够通过这本书，帮大家重新理解销售的目的到底是什么。你要意识到，销售只是一种手段和方法，本质是去帮助和成就更多人，而不是去牟利。如果只是为了牟利，你的销售之路会越走越窄。

顶级的销售从来不是不停地使用话术，而是"卖自己"。因此，要坚守口碑。我的长期目标就是把"少帅"这两个字变成金字招牌，让客户看到少帅，就会因为信任这个名字而下单。

如果你发现自己做事很功利，而价值观改变起来又很困难，那不妨通过这本书去熏陶，潜移默化地让自己变得越来越好。希望这本书，能引发你的自我觉醒和思考，触发你从不同的视角去看销售，从而触发你的自我改变。

做销售拿结果，做 IP 拿结果，始于方法，忠于价值。

如果你能借由价值观，让人长期喜欢你，你的销售能力就会拉高好几个层次，甚至不销而销。这里，你可以想一想，你现在内部探讨的东西，能不能对外呈现？客户听的时候，是愉悦的，还是反感的？

销售的关键能力与技巧

除价值观的坚守之外，销售能力和技巧对于拿结果也至关重要。接下来，我会从销售的关键能力与技巧、销冠的特质，以及刻意练习的方法等几个方面展开这一节的内容。

销售的关键能力与技巧

在正确价值观的影响下，销售可能会走弯路，但是绝不会走错路。作为一个销售，一定要有一些核心的关键能力与技巧。具体如下：

第一，掌握完整的销售方法论。销售有一套流程，比如你要去签单，第一步不是卖产品，而是让客户对你产生好感。如果客户不喜欢你，反感你，销售就很难开展。所以，销售的第一步是你要掌握完整的销售方法论。

第二，销售是信心的传递、能量的转移，要有好状态。比如，我们内部有个要求，今天状态不好，不要跟客户见面，不要跟客户聊任何东西。因为销售是信心的传递，能量的转移。如果你今天能量差，没信心，客户隔着屏幕都能感受到。

第三，了解客户，知己知彼，百战不殆。销售之前，要做好准备工作。比如问问自己是否了解客户的基本情况、收入结构、职业和需求，以及有没有对应的案例。销售前的这些准备非常关键且重要，甚至比销售过程还要重要。

很多销售即使有满腔的热血也帮不了客户，就是因为他们总是在瞎忙。所谓"打蛇打七寸"，好的销售一定要精准把握客户的需求痛点，能够快、准、狠地满足客户需求。比如我平时很少谈单，但只要我谈，一般快则10分钟，慢则1小时左右就能签单。因为我前期会做充分的准备，这样客户就能在很短的时间内做出决策，快速签单。如果你本末倒置，签单就会变得很难。

销冠的特质

我跟肖厂长连麦，为什么当时我能一战封神，成为"连麦战神"？直播做出的300多万元业绩中，有一半的业绩都是在我连麦期间下单的。能拿到这样的结果，有以下几个要点：

第一，有"要"性。要，就是你的起心、动念。你有没有想过，一定要帮助客户？有没有想过，一定要拿到结果？对你而言，销售到底是拿结果，还是仅仅只是聊天？我在正式连麦之前就有一个信念，厂长的产品很好，我一定要帮到厂长。

第二，做足功课。我会提前了解厂长产品的特点，包括他的案例。从中精准地提炼、萃取厂长的需求和痛点，并把他们产品的亮点和差异点展示出来，我会为此特意准备一份PPT，明确自己能帮厂长解决什么问题。正因为准备充足，很多人在直播间会觉得我讲话比较精练，能直指核心。

第三，流程要清晰，要有方法和节奏。节奏和流程，是保证80分水平的关键。第一步、第二步和第三步分别要做什么，心里要有自己的一套沟通流程与节奏。比如第一步，建立亲和共识；第二步，学会提问，挖掘痛点；第三步，有节奏感。你不能一见面就跟客户聊产品，客户会觉得不舒服。总之，签单时要遵守流程，可以有侧重，但是流程能确保稳定地发挥与良好的结果。

所以，当我合作的 IP 一开始就让我做销售，引导客户下单，我就意识到节奏是不对的。我会先进行自我介绍，让客户知道我是谁。这么做的核心原因是我一直有一个原则——**价值不到，价格不报。**正因为我有这种节奏感，知道什么流程对直播间转化有帮助，所以不管连麦的 IP 怎么带节奏，我始终都不乱。

第四，调整到最好的状态。整个人的状态能量要高，为此我会提前准备好。如果吃饭的话，一般吃到七分饱。因为吃到十分饱，人会犯困、打瞌睡，反应速度会变慢。此外，我会通过洗澡、做发型、穿搭，把自己调整到非常好的状态。让人在直播间一看到我，就觉得很惊艳。

不光是在直播间，线下签单也一样。如果你今天心情很差，穿得很邋遢，就去跟客户谈单，客户对你的感觉肯定不好。

顶级的销售，对自己的外在形象、肢体动作、专业和状态等都要求很高。因为销售过程是信心的传递，永远是高势能的人成交低势能的人。

第五，准备多重福利。签单前，要准备对应的优惠签单福利，不打无准备之仗。我和任何 IP 连麦之前，都会提前准备好不同的下单赠品。而且我会在直播间测试，根据客户的状态来匹配不一样的赠品。比如要销售家庭教育的产品，我就专门准备与家庭教育客户适配的赠品。在这个过程中，如果我用了商业类课程的赠品，客户是没有兴趣的。如果产品不能解决客户的问题，他不会买单。

你肯定会有疑问，我该怎么准备这个赠品呢？一般来说，很多公司的赠品是固定的，比如送两本书。但如果你的客户已经有了这两本书，你就要准备一个有新意的赠品。

有了赠品，客户还是不下单，可能是因为你没有准备临门一脚的福利，没有给他一个清晰的指令，让他知道为什么要下单。当你能够提前了解客户对哪个福利感兴趣，并且根据客户需求来提供，就更容易成交。

第六，精准地看到客户的需求。很多人直播的时候，可能就用一个手机看嘉宾。而我有三个手机，第一个手机看嘉宾，第二个手机看评论区，第三个手机看直播间的数据走向。当我的眼睛盯着不同的地方，我就能精准地知道，客户的问题在哪里。我们讲什么话题，直播间人数往上涨；我们讲什么话题，客户数量开始往下掉。

第七，识别"送分题"和"送命题"。直播间最难带节奏和气氛，有时候靠 IP 硬带，客户感受到非常明显的销售倾向，就离开直播间了。所谓"送分题"，就像有人问"老师，今天下单有什么优惠？"这类问题，我们要抓住机会，顺着这个话题往下聊，客户就会觉得很舒服，他们感觉不到你在卖东西，而是认为你在满足他们的需求。

"送命题"，就是直播间里的"小黑粉"提出来的。小黑粉会故意找你碴儿，一定要迅速地过滤掉。

刻意练习的方法

了解了销冠的特质，想成为一个优秀的销冠，你可以做一些刻意练习。

1. 研究广告

在我看来，所有的广告都是萃取浓缩的销售精华，我每天都会研究各种广告。

日常生活中，大家可以多逛商场，多看广告。广告里包含了大量的营销方式和销售流程，我一直特别喜欢去逛商场研究广告，甚至手机里至今还存着大量的广告。研究得多了，你就会发现，好的销售广告是有明确截止日期的。逛商场时，你可能会发现，有些广告没有截止日期，客户没有紧迫感，这种广告的效果就不好。

2. 让别人跟你成交

我们经常分析客户购买力，排名一般是女性＞小孩＞老人＞中年男性。中年男性，在互联网粉丝价值里排最后一名，因为他们不爱消费，很难琢磨其消费心理。但也有例外，比如我也是个中年男人，我为什么这么会销售？因为我很会买东西。当我买东西的时候，我会钻研、琢磨自己。

如果你一年都不买一次东西，你根本不知道什么叫心动。也就是说，你要去被好的销售员成交一次，你才知道什么是好的成交。

这个我深有体会，你看，卖我宝马车的，是宝马销冠；卖我保时捷的，是我们长沙河西店的销售，后来成为门店店长；卖我房子的，是当时北辰的销冠，当月卖了 6 套房子。我一路走来被很多厉害的销售成交了一遍。在这个过程中，我逐渐知道好的销售是什么样的。

因此，如果你问我，想成为好的销售应该怎么办？我的想法是，你必须去体验别人是怎么销售的，你要体验买单的过程，你得感受你自己。因为，人性都是一样的。人类发展的几千年历史中，人在变，社会在变，但不管是男性、女性，还是小孩、老人，人性是不变的。

　　作为人类，作为自然个体，每个人都会有贪、嗔、痴、慢、疑这些人类的本性。如果你想成为顶级的销售，就需要研究自己，研究自己为什么产生这样那样的想法。

　　就像我买刘 sir 这个服务，让我对高客单产品有了更进一步的认知，我在想我买单的原因在哪里？中间遇到什么卡点？疑惑点在哪里？毕竟，有这些卡点和疑惑是很正常的，我们需要了解的就是自己为什么会有这些想法，以及后面是怎么解决掉的，这个过程非常值钱。

3. 多读书

　　多看一些书，汲取专业知识，也可以多听课、参加培训，不断提升自己。核心是补充认知和方法论。我看了大量的书，每次看书都是在启发自己，让自己拥有不同的视角。每一本书不一定都是完美的，但它一定能给你提供参考价值，让你看到，原来有人是这样做销售的。

　　这里我推荐一本书，叫作《世界上最伟大的推销员》。乍一看，书里好像都是鸡汤，但你有没有想过，这本书的作者是雪佛兰汽车吉尼斯世界销售纪录保持者，这么厉害的人为什么会写这本书？其实他并没有讲具体的销售方法，而是在讲道，就是你为什么而出发，因此我很受用。大家想做好销售，一定要极度开放，旁征博引，触类旁通。

　　我想告诉大家：只要思想不滑坡，办法总比困难多。只要你真心想帮助客户拿结果，永远能找到更多办法。另外，大家可以想一想，你觉得自己和顶级销售相比，到底缺了什么？

销售领导力的养成

一个人的能力总是有限的，即便成为顶级销售，想要拿到更大的结果，也需要团队的配合。想要培养自己的团队，就必须注重领导力的培养。

做有领导力的销售

做有领导力的销售，这是销售的必经之路。个人谈单的业绩毕竟是有上限的，因为一个人时间有限，见的客户数量也有限，只有靠复制才能更高效地提升业绩。

会培训，会复制，会做 SOP，就是要把你整个公司的销售标准化。标准化的好处是，大家都能够达到 80 分的水平。具体来说，标准化的步骤如下：

第一步，销售分层。

什么样的客户谁来谈，你心里要有数，要让不同的人去谈不同量级的客户。这样，你就能快速识别不同层级的客户，从而精准发力，节约时间。

第二步，让客户体验感更好。

如果没有流程化，大家纯靠心情、经验来发挥，就会导致发挥不稳定，降低客户的体验感。有的客户本来想主动了解产品，结果变成了销售卖产品；有的客户本来想直接下单，却变成销售在讲八卦。之所以会这样，就是因为缺乏系统的流程。

第三步，销售要打配合。

当你组建了自己的团队，就会发现每个人的优劣势不一样。每个人的经历、长相、声音、气质，决定了他能吸引以及帮助什么样的客户。根据他们不同的优劣势，可以一起打好配合。

做销售的时候，一般会按照性别和年龄做匹配。因为客户的属性不一样，你可以匹配不同属性的销售员跟他谈单。这样，他的感受是不一样的。

就像很多人喜欢我，但我也并不是万能良药。喜欢我的客户中女性占比 90%，这是由我的语言风格决定的，我是一个很会提供情绪价值的人。在我的影响下，我们的社群中都是"这个好棒""很有收获""很有体验"之类的语言表达。

早上给能量，中午抓配方，晚上倒垃圾

我见过一类销售领导，他能够让团队为他卖命，发了疯地帮他做事情。他们不是纯靠洗脑，而是真正做到了"士为知己者死"。好的销售领导，能让销售员知道"我懂你""我在背后支持你"，这样销售员才愿意去奋斗。很多人自己会做销售，却带不了销售团队，是因为他们不懂团队成员到底在思考什么问题，不懂团队成员经历的苦难。

所以，想更好地走进团队成员的心，我的建议是"早上给能量，中午抓配方，晚上倒垃圾"。

早上给能量。

早上出门，团队成员需要满满能量。我们会在早会上跟大家讲，为什么我们要全力以赴。

中午抓配方。

配方，就是方法。团队成员上午行动完之后，可能缺一些方法。领导要给他方法，让他续上能量。

晚上倒垃圾。

销售跟做后端的不一样。做后端内容和交付的，可以随时获得客户的正反馈。而销售员一小时就可能遭到好几个客户的拒绝，一天可能体验好多轮。而且，每天经历的颗粒度远比其他人更细。交付端口因为客户已经付过费，所以更易服务。而市场前端面临的客户是最前线的，客户会对销售员提出各种疑问，这些都需要销售领导去解决。如果你不及时跟进他的一些感受，这个销售员很可能在前线做不长了。因此，你一定要让销售员倾诉自己的困难和负能量。你不让他讲，他会带着负能量进入第二天的工作，而且他也没有好的方法，问题还是得不到解决。

此外，销售员很辛苦，他经过一天的客诉、被客户拒绝，一直受到"伤害"。这些伤害，可能是客户心情不好，讲话很难听造成的。比如"你给我滚""你再来骚扰我，就把你拉黑""我要报警举报你"……这是销售员在一线经常听到的。

如果这个时候销售领导不能去共情，不理解他的苦与痛，只是一味地跟大家讲，你做销售，你有业绩提成，为什么不努力？为什么不加班加点？销售员就会觉得再次受到伤害。销售员身上有一堆负能量，觉得这份工作很难做，根本看不到希望，可能就会逐渐失去动力。

好的销售领导一定要做到五个"到位"：

第一，有清晰的激励政策，钱给到位。

第二，可以让销售员感到"你懂我"，情绪价值给到位。

第三，让销售员看到发展的可能性，前景给到位。

第四，给销售员足够的荣誉和赞誉，正反馈给到位。

第五，告诉销售员成长的方法，技能给到位。

小团队，大业绩

"小团队，大业绩"模型，是一种新的销售形式。直播私域可以极大地放大 IP 价值，放大顶级销售的价值。过去的销售需要拉一个比较大的团队去冲业绩，比如美团、饿了么、阿里巴巴等，在早期都会有一个地推团队，靠团队作战。而现在的销售，一个 IP 就可以产生项目 80% 以上的业绩，因为我们可以通过直播、发售等来批量成单。

"小团队，大业绩"模型的底层，需要把整个私域包括直播、线下课等场景实现标准化、流程化。在此基础上，就可以复制出无数个能卖会卖的 IP。而朋友圈、社群、短视频等的长期更新，能够确保只要潜在客户加了我们的微信，持续看我们的朋友圈一段时间，就会产生付费的意向。

因为我们在朋友圈做了完整的布局，做了不销而销的设计。这样，所有前端的销售动作非常标准，我们团队甚至不需要做原创，只需要搬运，就能解放生产力，稳定出结果，从而实现小团队大业绩。

我们团队需要做的是，围绕这个 IP 生产一些内容，通过其他账号从不同视角把内容全部 Copy（复制）过去，再发朋友圈。我们做了十个账号，就是在用这种模式复制。

让普通变成功是困难的，但让成功变卓越是容易的，因为它本身底子就很好。我们这套模型，让人更容易上手。你不用学多么复杂的流程，因为我已经全部布局和设计好了，你直接复制我的朋友圈等内容就好了。

在这个过程中，我们依然要激励员工，要给他们发展机会。他帮你复制账号时，你得让他理解为什么这样做，以及他未来成长的方向。比如：

第一步，Copy 我的账号，复制我的打法。

第二步，我会告诉他，为什么这样操作。这样，他操作起来会更容易。

第三步，他可以帮助别的 IP 操盘私域、布局账号，逐渐提升自己的水平。

未来所有的 IP 都不用带太多销售。甚至年营收过千万乃至过亿的公司，只配五到六个核心全职人员，也能完全搞定业绩问题。他们就是通过我讲的这套模型，把所有的账号标准化、发圈标准化、社群标准化、私聊标准化，然后借助活动集中爆单，把大客户筛出来做一对一谈单，通过这个模型，就能解决小团队大业绩的问题。

理解新的销售逻辑和成交逻辑

除此之外，在新媒体时代，想养成销售领导力，我还有一些建议。

1. 理解当下客户的心理

我们要理解当下客户的心理。为什么我能在视频号被称"连麦战神"，持续连麦出结果？是因为我理解当下的客户，理解当下的团队。我知道，客户被当韭菜割多了，买单买多了，人口红利没有了。当下的客户，最缺的就是安全感。如果想让我复购，你的销售方式就得不一样。如果你还用明显的套路吸引客户成交，客户能识别出来，从而产生抗拒心理。

2. 理解环境与角色的改变

过去和现在的销售，有以下区别。

首先，普适的区别。

第一，场景不一样。第二，销售人员的需求不一样。过去地推、电销很多，导致客户普遍反感。现在的人更喜欢自己线上下单，所以我们要与时俱进。第三，地推的方式其实是很辛苦的，不仅要去发传单，做邀约，还要解决客户的很多抗拒心理问题，因此，价值感很低、推销味很重，但现在借助短视频、直播发售，可以让销售变得更加高级。

其次，特点不一样。

传统销售重在激励团队，调动人的战斗力，而新型的销售更多是顾问式的，更专业。配合 IP 的人设、内容和活动，让销售结果更容易达成。类似刘 Sir 团队共创出书，谁负责提问，谁负责编辑稿件，谁负责审核稿件，全都流程化，销售也可以通过分工完成，让每个人都更轻松。当销售流程化之后，谁负责引流获客，谁负责谈大单，谁负责内容"种草"，都一目了然。基于新媒体的工具，重新分工，让前端销售拿结果更容易。

最后，销售管理模式不一样。

过去做销售需要通过管理来驱动销售业绩增长。现在做销售必须有 IP，有内容，有魅力，有势能。这就是很多传统销售方式难以为继的根本原因。

我之所以能够转型成功，是因为我从 2012 年开始，每天坚持更新一条 QQ 动态，到后面更新朋友圈，截至目前连续更新了 12 年时间。所以，我现在做短视频和直播很轻松。因为有好的人设和内容，少帅咨询的前端销售就变得轻松简单。

当环境变了，再用传统销售的方式，客户会"免疫"。因此，销售人员的动作得变，比如我们的线下课不需要助教跟单，因为跟单影响客户体验，当客户对 IP 讲的内容认可度高，升单就是自然而然的事情。现在的线下活动和课程，我们更多是服务好客户，让客户有美好的体验。

3. 做销售首战必捷，进入良性循环

首战必捷，一定不要让人盲目地出现挫败感。过去，有很多消费者没有经历过套路式销售。但现在，客户已经被成交过很多轮了，再厉害的人

去做电话销售，都等于白白"送死"。你做地推，以前还能聊几句，现在人们内心有很强的防御心理，遇到了聊都不聊，条件反射般地走了。

所以，现在的地推和电销明显有很大的难度，我们不能让团队白白"送死"。做IP或者创始人可以降低操作难度。要理解新的销售逻辑、成交逻辑，去生产内容，做好IP。这样重新构建了信誉度，你的前端销售就会很容易做，就会有更多客户付费购买。

最后，我想对大家说，想成为一个有领导力的销售，你要么成为IP，要么成为IP身边的销售型操盘手，具备IP思维和内容思维。你不妨思考一下，在这个时代，我们需要做什么来激发团队，让他们更容易拿到结果？

好的销售是共赢

传统销售，就是"割一刀"逻辑。就像我们去门店买衣服，销售员往往不会站在我们的角度去思考问题。一上来，销售员就让我们试穿，然后催促你立马买单。作为客户，我们肯定要考虑，万一买了不合适怎么办？面对这样的顾虑，很多销售员就简单回复一句，不能退，最多给你换一件不同尺码的，要是你把吊牌剪了，连换都换不成了。

经历了太多这样的事，导致我们越来越不愿意去实体门店消费。

其实做销售，共赢很重要。

什么叫共赢？比如我们做 IP，客户购买我们的产品，如果不满意，可以现场提出退费，我们全部退给客户；也就是客户购买我的产品没有风险，我确保客户对交付认可，才把这笔钱变成我的收入。包括我们直播间连麦给客户送赠品，在我连麦期间下单，会获得实实在在的好处。

有一次，我花 1500 元配了个大牌眼镜，不到一个月时间，眼镜框就断了。我到店里去，提出了我的诉求——退款或者维修，他说不可以，一旦卖出，不退不换。我觉得内心很受伤害。这场销售里，就没有共赢，只有他赢我输。

过去，销售员跟客户是对立的，想办法把东西卖给客户，销售员才能赚到佣金。未来，销售员要想办法帮到客户，帮客户获得好处，帮客户获得成长。如果帮不到客户，这钱宁可不赚。长此以往，你与客户合作共赢，不仅能获得成就感，还会有客户的复购和转介绍。

胖东来就是这样做的,你买我的东西,不满意随时可退可换;茶颜悦色、奈雪的茶等"不满意重新给你做一杯"的承诺。这些就是共赢思维。

可见,好的成交是滋养,不好的销售是一方赢。这样的销售行为,不可持续。

好的销售要与客户共赢。比如,卖我宝马车的销售员,到现在为止,我也非常感谢他。他知道我的需求是买到当时的最低价,在这个需求基础之上,他告诉我,不能盲目追求最低价,否则,可能出现一些卖车的店没有交车实力,收了我的钱跑路了的情况。他说,第一,要确保我能安全收到车;第二,在这个基础之上,保证给我最低价,并承诺我在 30 天内如果买的不是最低价,可以找他退差价。

他完整地描述了我的两个核心需求,能提车且最低价,所以,我当时对这个人印象特别深刻,决策也特别快,当天就下了定金买了车。

因为他有共赢思维,能理解客户在想什么问题、有什么需求,所以我很信任他。后来在推荐车型配置的时候,他也会问我的需求,问我是不是要考虑保值性。得到我的肯定,他又推荐了保值率更高的配置。

后来我想换一辆配置更高的车,还会听取他的意见。因为这些经历,我才更加坚信,好的销售是帮助客户,是共赢。

联盟与合作,底层思维是发挥优势

打造联盟,底层思维叫发挥优势。比如,我跟刘 sir 的优势截然不同。刘 sir 的优势是出书,做到了"一厘米宽,一万米深";我的优势在于成交和 IP 全案落地，做到了"一厘米宽，一万米深"。我跟刘 sir 怎么合作？比如我身边有想出书的朋友，我把他们推荐给刘 sir。刘 sir 想做一场大活动，他的连麦嘉宾怎么排兵布阵，选谁连麦，送什么赠品，就可以交给我操作。

说到出书，我在找刘 sir 之前，曾想过自己出书，想过自己去研究那套流程，然后放手去写。但我和刘 sir 会面之后，我就意识到要让专业的人做专业的事。**很多事情的流程看起来是一样的，但不同的人做起来，是完全不一样的，而且差别不是一星半点儿，是十万八千里。**

合作的目的，就是整合彼此优势，把成果最大化。所以，我现在有很强的联盟跟合作思维，因为每个人的特长是有限的，我们只要把自己的特长做到极致就可以。而且，现在客户的需求越来越多样化，他可能有出书需求，可能能做好朋友圈的需求，还可能有做好直播的需求。

以连麦为例，我是怎么通过直播连麦出单的？

每个人都希望物超所值，客户付出了 9800 元，想要一份钱两份收获。此时，我们可以通过连麦送福利来实现。我们用产品去满足客户的需求，用赠品去发挥高附加值的作用，从而达到让客户有捡到便宜、想要下单的效果。

鉴于此，我们可以提早做一些调研，了解客户，然后结合连麦嘉宾的优势，做好赠品的设计。通过这种方式，让客户购买一款产品能获得多样收益。

什么样的人一定不能做合作伙伴

选择跟什么人合作，不跟什么人合作；跟什么人联盟，不跟什么人联盟，是需要一定的标尺的。

第一，价值观不匹配，喜欢套路客户的不合作。我们曾遇到一个套路客户的 IP，他的直播间话术总是一模一样：我们今天下单多少钱，优惠多少钱。结果实际上明天、后天、大后天都是一样的。这样的人，我们不合作。

第二，营销性特别强的不合作。我们的客户是要求舒服的，我的直播间就要给客户安全感。如果直播间有很明显的营销性，合作的过程中就会伤害我的客户，他们会远离我的直播间的。

第三，交付不强的不合作。有的人，总是讲得多做得少，后端交付效果很差，这种人会影响我的口碑，不能合作。

第四，产品价值取向不一样的不合作。比如，我是科学主义者，他是做玄学的，那么我们就不会合作。

优势互补，补位思维

我要合作的人，跟我的"生态"要补位。

这里的补位，指的是性格互补、做事风格互补，这样可以同时把一件事做得更好。比如，我善于成交，善于连麦，但我缺流量，后端也缺一些专业性交付。因此，我要找在流量上能弥补我不足的人，也要找在后端能弥补我不足的人。每个人各司其职，才能形成自己的生态系统。

即使是同一个生态位，也有联盟合作的可能。比如我做成交，假设有一个成交型 IP，我们俩的性格跟做事风格互补，那我是愿意帮他的，因为我俩会吸引不同的客户。他可以专门做线下活动吸引客户，我专门做线上高客单的落地操盘。

也就是说，在价值观一致的基础上，人与人之间是不是能够进一步合作共赢，取决于能不能找到互相补位的点。但很多人没有发掘的意识，只是笼统地合作。这会导致两个问题：

第一，连麦的客户觉得很困惑，直播间的赠品为什么都是一样的。

第二，你的布局可能会导致你最后受伤害。比如，有些人会找和自己的竞品、客户一样的嘉宾连麦。连完麦之后，客户被带走，他觉得很受伤害。其实本质是他没有做前置沟通跟筛选，不知道跟哪些人连麦有助于自己。

为了避免这种情况，我们就需要做客户分析。因为客户来找我，他有不同的需求，我一个人满足不了，就要有不同的人来帮我做这件事，从而实现合作共赢。比如，我的客户主要是女性群体，而且多是一些想做副业的，或者是想做女性 IP 的，或者是以理性创业者为主的。这样的群体，有什么需求是少帅一个人满足不了的？

比如，她想出书，我就知道刘 sir 可以帮我补位；她想做短视频，我就知道谁能帮助她做短视频。也就是针对多种需求，提供多种的补位方案和合作人选。

合作联盟的过程中，有轻合作和深度联盟等不同的方式。

对此，我的判断标准是，轻合作，适合双方，彼此认可，而且愿意帮助彼此。

做深度联盟的标准，则有所不同：第一，这个人愿意分享收益，有长期的共赢思维；第二，愿意倾听，愿意广开言路，如果他独裁、霸道，这样的合作不会长久；第三，财务透明，愿意进公账，给彼此安全感。

最后，我想说，好的合作就是共赢。只有让更多人赢你才能赢。

大家不妨想一想，你此刻做的事情有没有让别人赢？有没有让更多人赢？或者如何做才能让更多人赢？

销售心法的持续修炼

　　销售心法的修炼，并非一朝一夕的事情。真正能熬过这个阶段的人，都会成为行业内的顶尖高手。修炼的过程，不仅能提升能力，更能改变心态，真正做到不销而销。

销售心态对拿结果的影响

　　我始终认为，销售的心态和自我的修炼很重要。

1. 没有成交不了的客户，只有成就不了的客户

　　如果你很急功近利，想成单，容易产生很强的销售感；如果你完全没有拿结果的意识，中途就会放弃很多准客户。

　　当你有了好的心态，就没有成交不了的客户，只有成就不了的客户。然后，你就会研究怎么成就客户，看他有什么需求，遇到什么问题，你的解决方案是什么。

2. 客户需要时间，我们也需要时间

我们不能一下子成交所有客户，有些人能直接做决定，有些人则需要时间去播种，然后等待开花结果，有一个培养客户的周期。

问题是，很多销售员并没有培养的意识，这也是传统销售被诟病的原因所在。他们希望现场成交所有人，但很明显，每个客户对你的信任度、满意度不一样，甚至有人当场验货后不满意。面对这样的客户，我们应该再给他一次体验的机会，把交互做得更好一些。

要知道，很多时候越想成交，越容易急功近利，然后被客户识别出来，遭到拒绝。心态很重要，你的心态决定你的成败。

就像他们很多时候在直播间问我，如何在拥有松弛感的同时成交客户？秘诀就是，我没有抱着成交客户的心态做事，客户反过来就成交了。

我觉得，最好的销售是吸引，是"种草"。我总说，"种草"式销售的时代已经到来。这里的"种草"，就是把我怎么交付、怎么帮别人拿结果的过程展示出来，这样能让客户自然而然地下单。

比如，刘 Sir 是怎么吸引客户的？是他做了很多的工作，吸引了大家，让大家看到他能帮到自己。就像我一样，我的出书需求是存在的，它又很困扰我，我花了很长时间做这个决策。忽然我发现，刘 Sir 不仅可以帮我出书，还只用聊天的方式就可以解决这个问题，我自然被吸引了。

这种吸引逻辑，同样体现在线下活动中。我们的线下活动，全程没有任何销售流程。直到最后一天晚上，大家留下来问我问题，问着问着，自然而然就交钱了。整个过程，我们就是让客户识别出来，我们是能帮他们的人，从而产生对我们的服务需求。

修炼心态的方法

对销售员而言，能不能成交不由你决定，由客户决定。 你急功近利也成交不了，与其这样，不如松弛一点，让客户感到舒适。本质上，做私域的逻辑就是靠"养"。"养兵千日，用兵一时"，不把客户"养"到相应的阶段，他就不具备支付能力，支付意愿度也不足。所以，新的成交逻辑，就是在直播间"养"客户，追求私域的综合转化率，而不是单次转化率。

培养客户的意识，其实是一个认知问题，很多人却把它当成了心态调节问题。举个简单的场景为例，今天你有客户上门拜访，本来想体验一下产品，你非得给他升单，客户意愿度没到，你硬推，对方就会觉得很不舒服。

同样是跟客户聊天，长期做销售的人，就能敏锐地捕捉到关键信息，识别出客户处于哪个阶段。当你心态很糟，把成交客户作为唯一目标，你就会失去判断力，节奏也会变得很乱。

比如，这个客户本可以升单买 1 万元的产品，最后因为你的着急，硬给对方推 30 万元的产品，从而导致他什么都没买。

好的销售员，一定要懂得掌握节奏感，能够识别出客户在这一刻能付多少钱，再给他匹配相应的产品。有人来找我做咨询，我能识别出来，他此刻只能买体验品，我们就迅速转卖体验品，他的需求被满足了，日后自然有机会升单。

那一刻，如果我跟他讲高客单的产品，但客户完全没有这个意向，在我讲完之后，可能他什么都不会买。

流水不争先，争的是滔滔不绝；小草不争高，争的是生生不息。最好的销售是选择长期共赢，为客户提供终身价值，追求为客户服务一辈子。

当然，我也有过急功近利的时刻，很想让客户此刻交钱下单。花了很长时间，客户没有下单，我也曾患得患失。后来，我意识到，这种心态对于成交非但无益，反而有害。于是，我开始上课，问自己：他跟我做完这个流程，会不会不舒适？我不断地通过这种模式修正自己。

正所谓"当局者迷，旁观者清"。我们一定要时刻把自己拽出来，做一个旁观者。否则就会很容易陷入紧绷状态，给客户带来压迫感。

在减少压迫感方面，我给大家几个小建议：

第一，状态不好，就不去见客户。

这样做，不仅可以保持充实状态，客户也会觉得你有调性，不是一个有廉价感的人，反而会更喜欢你。

第二，放下面子，心里认定成交是为了帮客户。

有的销售员拉不下面子，比如直播讲课讲得特别好，但是不敢讲价格，一到收钱的阶段，嘴巴就软了。

我觉得，这是心态问题。你不妨问问自己，在直播间讲价格到底是为了什么？我们成交到底是为了什么？其实核心目的是让你的产品帮到你的客户。你只要能想到这一点，就会更加坚定信念。

我曾有一个心理咨询师客户，一直觉得不应该在朋友圈发与心理学有关的东西，他会焦虑，觉得这样会让客户感到不舒服。于是，我反问他一个问题，如果你的客户因为没有看到你对于痛点、需求的分析，以及相关的案例呈现而错失了解决自己心理问题的机会，难道你没有责任吗？他听完之后深受震撼，果断展开行动。

有时候，我们成交不是为了激发销售率，而是激发成就。只有这样想，才会产生帮助客户的欲望。

为什么我讲销售问题很多人愿意听，因为我眼里只有我的客户，我知道我能帮到他，我应该全力以赴帮他，没有其他想法。

第三，即使被客户打击，也要勇敢直面问题。

我们做商业 IP 时，有一个早期付费的学员，付了 9800 元。我们在交付过程中有交付标准清单。但是，这个学员提到一个标准清单之外的交付，希望我们提供闭门会的回放。客服按照标准，回复说没有回放。学员觉得不满意，想退费。

当时，我对客服的表现有些生气。但转念一想，我们没有完整地对这种情况进行过训练，我应该承担这个责任，于是我主动找到学员沟通。一开始，学员的态度不太好，反复强调销售的时候承诺很多，交付却没有跟上。听到抱怨的第一时间，我纠结于要不要沟通，因为 9800 元退了，对我的生活没什么实质性影响。但是，学员需要学习，需要得到帮助，所以我坚定信念，想跟他沟通一下。至于沟通结果，我无法保证，我只要确保沟通过程是顺畅的，这就足够了。

同时，我们对流程做了以下调整：

第一，对内部进行沟通技巧的培训。客户需要你满足额外需求时，先不要拒绝，先给他一个肯定的答复。比如"我去沟通一下，如果可以，我尽可能帮助你"。

第二，至于学员，马上跟他沟通，告诉他为什么没有回放。可以这样跟学员说： "因为我们希望这个项目客户能当场听，当场提问。当然，你的反馈也挺好的。我们研究一下怎么在保证当场听、当场反馈、当场吸收的情况下，给回放。" 最后，我们设计了一个机制，如果学员愿意写复盘报告，我们就给回放。

优化完这个流程后，学员说这个很合理。此时，我告诉他"你可以再体验一个月，如果不满意我们全额退款"。做了这个处理方案之后，这个学员没有退费，反而对我们的产品评价很高。

在这个过程中，最开始我也拉不下面子。因为我没有找到着力点，只在乎自己的感受，不在乎客户成不成功。我觉得自己作为一个 IP，要跟客户沟通退费问题是丢面子的，如果沟通不成功，我更丢面子。

后来，我为什么愿意去沟通，是因为我放下了面子，觉得我自己不重要，我的存在是为了帮助客户，至于沟通完之后，他是选择继续买我们的产品，还是退费，已经不重要了。重要的是，我已经做到位了。

所有的销售着力点，应该都是"我要为了客户好，而不是为了自己的感受、情绪和体验"。当你为客户考虑的时候，你就会有更多创造性的解决方案。

比如"你愿意写复盘报告，我就给你回放；你再体验一个月，不行再退款"。这两个解决方案中，前者，客户能理解你做这件事的发心是好的；后者，让客户感受到，他体验一个月后退费，对他来讲是赚了。这就是站在客户视角去解决问题。

保持高能量的方法

很多销售员总会处于低能量的状态。想要保持高能量，做好心力分配，持续高效率地输出，我的建议是：

第一步，接纳。我会尊重自己的能量状态。比如今天起床，我感觉不开心，我会尊重自己，不强求自己立刻变得开心，或是责怪自己的不开心。

第二步，探索原因。 我会问自己为什么不开心？比如，我买了一个手机，却发现手机配置不像自己想象得那样好，但又不能退；新买的眼镜的镜框断掉了，店主不退不换。探寻原因之后，我发现我的不开心，来自我做了一个错误的决策。

第三步，找解决方法。 我跟自己对话，这样继续不开心有用吗？没有用，那就自我疗愈。我开始思考，做什么能让自己开心一点？

首先，我要优化我的决策流程。

其次，做让自己开心的事情。比如，对我而言，吃顿火锅，喝杯奶茶，看一部喜欢的电影，去打个羽毛球，听个歌，开车兜风……都会让我开心。当你从意识到、接收到变成觉察到，你就能找到原因，得到解决方案。

另外，我家的场景布置都是围绕我的状态去匹配的。我觉得断舍离很重要，其实很多人和物品都在影响你的能量，如果你觉得有人或物让你不舒服，你要远离他们。

100% 成交的销售心法

保持高能量对销售成功至关重要。那么，有没有百分百成交的销售心法呢？按照我的理解是有的。

第一，只要是人就符合马斯洛层次需求理论。

马斯洛认为，一个人的需求，可以分为五个层次，分别是生理需求、安全需求、爱和归属感需求、尊重需求及自我实现需求。我相信，只要有需求，就能成交。差别在于，什么时候成交，成交什么产品，提供什么解决方案。

我们做事情之所以很有耐心，就是因为我们相信他早晚会买我们的产品。关键就在于时机、他的意愿度和对我们的信任度。我们持续"种草"，不争一城一池的得失，而是要赢得整场战役的胜利。对客户分层管理，这就是百分百成交的心法之一。

我们有一个学员是一个销冠。他一直观望，觉得我讲的都是常识，和其他老师讲的没什么不同，不相信我能帮到他，对我也没有任何付费需求。

后来，他加了我的微信，观察我朋友圈一年多，我朋友圈的案例很吸引他，让他向往。他终于发现我跟一般销售不一样，不只是在讲销售课程里的东西。于是，他给我发微信，说一定要付费向我学习。

所以，只要你持续做好朋友圈，客户早晚与你成交。出于这一原因，我不轻易删除粉丝微信，也不给客户下定义、贴标签。

许多案例已经证明，当时觉得一定会买的客户没有买，反倒是觉得不可能买的客户买了。很多时候，无法成交的原因，就在于我们看的是表面，没有给客户和自己足够的耐心。

百分百成交的心法，就是维度问题。当你用一个更好的维度、更广的视角去看待客户，你必然会有更长远的战略，更多维度的打法和应对策略。反过来，当你的视野比较窄，很多时候你就会产生无力感。

第二，我理解的成交是促进。

有的客户，当下不一定买你的产品，但经过沟通之后，他对你有了更深刻的理解、更进一步的认可，这也是一种成交。从这个层面理解成交，销售就很好做。这样理解，是符合七次成交理论的。也就是说，客户要连续接触你七次以上，成交概率才会更高。

品牌打广告用的就是这个逻辑。客户看完你的广告，对你产生好感，是第一次成交；看第二次广告，想下单，是第二次成交；看完第三次，客户确定要下单，却又觉得优惠不够，没下单，这是第三次成交；第四次、第五次、第六次，每次看到你的广告，下单的意愿就会变得更强；第七次，客户终于下单了。

这个时候，我想请问你，下单意愿是在什么时候产生的？答案是第一次看到就产生了。从第一次到第七次，是逐渐促进的过程，各次叠加起来才呈现出成交的结果。

关于销售心法的修炼，我想说，但行好事，莫问前程。结果由过程决定，把销售过程做好，满足客户的需求，为他的痛点找到解决方案，然后把结果交给客户，他一定会下单的。

最后，大家不妨想一想，我们持续做什么，才能让自己不销而销？

PART

2

朋友圈
成交

朋友圈营销与获客

在很多人眼中，朋友圈只是一个展示自己的"窗口"。从变现的角度来看，经营好朋友圈价值百万。它的"种草"力和转化率会给你带来意外之喜。

朋友圈是重要的营销阵地

流量，通常来自三域——陆域、公域、私域。陆域，指的是在线下门店，或者是通过"路边搭讪"等方式添加微信。公域，包括抖音、小红书等平台。私域，特指微信朋友圈。

线下门店和平台的客户，最终都可以导流到朋友圈，利用朋友圈去放大营销的效果，乃至培养高客单客户。我们在微信上不仅可以免费发朋友圈，还可以一天发很多条消息，同时具有高客单属性，所以我经常说做好私域朋友圈，就是拥有一座金矿。我的身边就有一些人，在仅有几千粉丝的情况下，通过精心运营朋友圈，实现了几百万乃至上千万的变现。

朋友圈是私域变现的必争之地

存量时代，朋友圈的价值正变得越来越重要，其原因主要有以下几点：

1. 满足了客户主动购买的需求

从本质上说，人人都想获得主动权。朋友圈的功能，就是使客户从被动获得信息转变为主动获得信息。在电话销售时代，客户对营销人员、产品信息等一无所知，通常是被打扰，在一无所知的情况下，被各种销售人员推销。朋友圈的出现，让客户可以主动获取信息、主动判断、主动分析、主动下单。他们对主动权的需求得到了满足。这种主动性的背后，是对信息来源的信任和它带来的安全感。

2. 长期"种草"，长期养粉

朋友圈营销的核心逻辑，不是直接销售产品，而是培养客户。在朋友圈，你可以多维度地展示自己，包括你的价值观、人设、喜好等，一旦产生同频，就能激发他人与你建立深层联结的兴趣。因此，我一直建议，朋友圈不要设置仅三天可见，而要持续分享。通过长期"种草"，来培养客户的兴趣和信任。

3. 做好营销布局，让人看完就想下单

对比过去，当下客户的购买逻辑已经发生了变化。以前，客户也许看

到喜欢的东西就会买。现在，客户会在仔细分析之后，才决定要不要购买。

朋友圈以个人为中心，且仅限微信好友可见，这个特点所带来的展示效果是其他平台不具备的。在朋友圈里，你可以充分展现个人生活、爱好、观点、情绪、客户反馈等，对于提升粉丝黏性和认可度，帮助特别大。

有一名年销售额过亿的企业销冠，看到我直播连麦、持续做案例拿到了结果，便主动加我微信。她加完微信以后，并没有立即付费，经过一年多的观察后，她看到我在朋友圈展示的不同维度的结果，开始主动付费进行咨询。这场咨询后，她报名成了我的私教学员，直接从 0 付费升级到付费近 10 万元的高客单客户。

经营好朋友圈，可以为你带来很多主动来付费购买产品的客户。告诉大家一个朋友圈高客单成交的技巧，那就是不要过多发产品的海报，而是要多分享你的价值观、你的交付过程和你的客户案例。通过朋友圈"种草"营销，实现不销而销，是高客单成交的重要趋势。

在直播间，直接成交 5 万、10 万元的案例，可谓凤毛麟角。这是因为完成这样一个高客单的订单，客户需要深度分析，要有较长的决策周期。如果你通过推销的方式去完成，很容易引起客户的反感。但是通过经营好朋友圈，可以实现对客户的深度"种草"，逐渐增加客户的信任度和安全感，化解他们的疑虑。

朋友圈获客的注意事项

想要通过朋友圈获客，以下几点需要多加注意：

1. 做好人群的需求分析

好的营销，要深入了解客户的需求。在当前的市场环境下，做好人群的需求分析，显得尤为重要。比如 2022 年，很多人做 IP 和公域流量有变现需求，我就帮客户把流量进行变现。2023 年，大家发现流量越来越难获取，但是知识付费总营收体量在增长，核心是高客单业务需求在增加，我就帮 IP 直接操盘拿结果，帮客户找到高客单定位、设计高客单产品以及高客单升单方式。2024 年，"直播连麦变现""裂变式发售变现"的需求成为热点，我亲自连麦助卖，成为"连麦战神"。通过一场活动裂变，实现了万人级的发售活动，我把连麦和裂变发售能力赋能给需要的客户。

也许有人觉得，我们这是在追着热度跑。但实际上，如果只靠热度，而缺乏对客户需求的精准把握，是很难吸引到客户的。比如 AI 火的时候，你蹭个热点，确实可以吸引别人的关注，但没有设计好对应的产品，依旧很难变现。我们会抓住客户不断细化的需求，推出相应的解决方案，所以这几年业绩一直保持着增长的状态。

2. 不同客单价采用不同的成交策略

对于客户来说，在朋友圈购买几十元或者几百元的产品，不需要承担太高的决策成本，很容易做出购买决定。只要你提供零风险承诺，客户很容易毫不犹豫地购买。

如果客单价达到上千元甚至更高，客户则需要承担较高的决策成本，做决定的周期会比较长，在朋友圈"种草"，对客户形成长期的吸引，才有可能在发圈时完成产品变现。

有的时候，也可以通过发售来提高产品的势能。发售的本质，是把自己过去的积累进行一次集中变现，通过连麦多个嘉宾来提升势能，提高产品的知名度和吸引力，再借用直播间连麦嘉宾的限时福利来促单，从而实现高客单产品的转化。

3. 少发产品广告

有些人在朋友圈做营销时常常发大量的广告和低质量的信息，这是一种低效且落后的营销方式。频繁发布广告，容易让客户产生抵触心理。客户一旦感觉自己被当作推销对象，就会降低对你的信任度。他们很可能直接屏蔽你的消息，甚至拉黑、删除你。

我很少在朋友圈发布产品信息，但只要发布，就会有人购买。这源于他们长时间关注我的朋友圈，对我产生了高度的认同感。

如果你的朋友圈不能变现，我的建议是：

检查一下朋友圈的背景图和头像，看看够不够高级；

复盘一下朋友圈，有没有做优质内容、价值主张和个人生活的分享。

深耕私域的我，只要看到一个人的头像和朋友圈内容，就能大概知道他的朋友圈存在哪些问题，并提出相应的改进建议。比如，有的人朋友圈的背景图需要重新设计，文案需要优化。优化之后，会大大提高朋友圈的变现能力。

此外，朋友圈的人设打造也至关重要。可是，很多人在做这项工作时，只是机械地发布"硬广"，缺乏温度。任何一个朋友圈，都应该以人为核心，而不是以物为核心。**把人放在首位，以满足人的需求为根本，获客和变现都不再是难事。**

私域是"**兵家必争之地**"，**朋友圈是私域变现的中流砥柱。**而且，朋友圈是免费的，内容发好了，它就是一个巨大的金矿，一定要好好挖掘。你可以想一想，什么样的朋友圈内容可以激发客户的购买欲望？

客户分析与痛点挖掘

朋友圈的设计和布局，就像一个大型的高级真人秀。

在这里，客户想看到的是你丰富多彩的内容分享，而不是单一、乏味的广告；我们要呈现的是与客户需求息息相关的内容，以此激发他们的购买欲。只要客户的需求与我们的朋友圈内容契合，就可以实现不销而销。

一切成功都是定位的成功

客户下单，不是心动，就是心痛，最怕他们不痛不痒不行动。从客户需求分层的角度来看，很多产品都可以重新定位。很多时候，**一切成功都是定位的成功，一切不成功都是定位的不成功。**朋友圈的本质，就是把你的定位，进行完整地呈现。

为了更好地了解客户的需求，我们会研究他们的朋友圈，分析他们发布的内容，发现他们面临的问题，思考我们能提供哪些解决方案。比如客户不会发朋友圈怎么办？我们发现单纯讲课用处不大，真正给到客户详细的朋友圈操作指南，并且现场带他们实战才是最重要的。

例如，我们会告诉他们，早上、中午、晚上各发布什么内容，甚至我们可以帮他们一键代发。这种解决方案，客户一听就会感兴趣。我们跟客户通过这种方式做朋友圈布局，产生利益后再进行分润。

我有一个做家庭教育工作的客户，她起初并不是我的付费客户。有一天，我问她，在什么情况下，她愿意向我付费？她说，她报过很多课，对课程没有需求，如果我能帮她设计落地产品，她就愿意向我付费。她的这个需求是很多潜在客户的痛点，于是我设计了一个私教陪伴的产品。她知道后，立刻付了费。

这个案例就是通过了解客户需求去设计产品。

识别客户的方法

通过朋友圈吸引客户通常比较精准。为了识别哪些人会成为我的客户，我会专门去看潜在客户的朋友圈，了解他们的基本情况，筛选出精准客户。

如果在 500 ～ 1000 人的微信好友里都没有筛选出一个精准客户，发售一定会失败。因为 500 ～ 1000 人的朋友圈，基本可以反映出市场的真实情况。在看朋友圈的过程中，我会分两类随机看：一类是有购买意向的；另一类是和我的产品相似的。我要思考我们的差异在哪里，以及如何做才能够脱颖而出。

吸引来的客户，需求是多种多样的，有的想学操盘手的相关技能，有的想学打造 IP 的方法。我们首先需要确定的是，客户画像与我们的产品是否匹配。

我们主要是帮助已经跑通 0 到 1 的 IP 放大流量与变现，还有想要学习私域变现技能的人。那么，如何识别这类客户呢？

首先，搜索抖音号、视频号、小红书等，分析他的直播间在线人数、互动情况，以及橱窗销量。

其次，看他的朋友圈背景图及动态。

这里，又有两种常见的情况：

第一，完全不发朋友圈的人。 这样的人，我们对他的基本判断是：

（1）传统公司老板，没有经营私域的意识以及能力，如果线下业务是盈利的，就有概率成为我们的客户。

（2）准备转型做IP，但是原有的朋友圈不适合做私域，需要重新起号。

（3）行业内的"大佬"，对产品发售或者 IP 的需求不是很高，操作难度大。

第二，经常发朋友圈的人。 这说明，他对朋友圈营销已经有了基本认知。如果他的背景图做得很好，说明他接受过专业的辅导；如果没做背景图，而朋友圈的内容质量很高，说明他具备发圈思维，但还需要一定的专业指导。

通过一个人的朋友圈动态，还可以分析他的某些情况，例如收入水平、社交圈子、直播经验和直播能力等。

再次，看他的评分、销量情况。想让客户购买服务，我们可以分析他到底缺什么。当我们能够识别出他缺什么，而且正好能够提供给他时，我们就可以对他进行精准定位。

最后，通过聊天，也可以识别客户。我们在添加别人微信之后，要去打招呼，做自我介绍，然后看对方的反馈。如果对方反应很冷淡，说明他对我们的认知可能比较低。

给我们积极反馈的人，有可能成为准客户。对于他们，我们会做一些动作。例如，有重要直播，就会通过助手或者粉丝群"种草"去通知他。

在一对一成交过程中，我们需要靠一套完善的体系和流程，以及专业的销售咨询团队。在产品发售阶段，我们还需要通过活动吸引一些高势能的人，将他们的需求转化为订单。

通过上述方法，我们可以识别出对我们的产品有需求的客户，并看有没有像我这种类型的操盘手在服务他，有没有达到效果。如果有效果，我们就提供差异化的服务。对于那些暂时还不是准客户的人，要以养为主，持续地去晒我们的结果和进行转化。

精准描述痛点，找到真实需求

所谓"痛点"，就是客户遇到了什么问题，在什么场景，什么时候想要解决。例如，一名女性有容貌焦虑的问题，场景是陪老公出席的各种宴会上，现在想要解决。

针对这样的客户，我们可以提供一个线下或者线上的形象改造方案，帮助她短时间内改善外在形象，让她在出席宴会时获得认可。

在一对一 VIP 答疑服务中，我们经常通过客户的描述，快速识别出问题。

例如，与一位做家庭教育的客户交流时，我们发现，由于缺乏完善的签单流程，他每次进行高客单签单时都要用很长时间且不可复制。针对这一问题，我们为他提供了一次顾问式签单流程。他很需要这个流程，就成了我们的私教学员。

我们在发朋友圈时，也会描述客户的痛点。比如，你是不是学了很多课，做了很多次发售都没有效果？或者，你是不是不知道自己能做发售？当我们足够了解自己的产品，了解我们的客户是谁，我们能为他解决什么问题，并把它描述得足够精准时，客户就会被我们吸引，主动联系我们。

为了精准地描述客户的痛点，我们可以通过他的朋友圈了解他的生活状态、产品特点，以及发售情况。这样，我就能分析出他存在哪些问题，见到对方，就能精准地描述出这些问题。

看朋友圈，以下三点要多加留意：

第一点，看价格。 他可能在朋友圈提及产品的价格。

第二点，看团队。 他可能会讲到团队伙伴的情况，据此分析他有没有团队。如果一个 IP 没有团队合作意识，发展潜力往往不大。

第三点，看价值观。 他在朋友圈会分享自己的价值观，据此判断他是否愿意和他人分享收益。

给客户打上属于他的标签

在洞察客户的过程中，一定会涉及一个很关键的核心点——打标签。

我们常用的标签，有 A、B、C 三类。

A 类，属于具有高潜力且可以给我们付费的客户。此类客户有"三高"：高意愿，客户有明显的付费意愿，可以通过他朋友圈的付费行为来判定；高潜力，客户特征符合我们的产品画像；高需求，只要我们的产品能解决他的问题，他基本会向我们付费。

B 类，"三高"中两高一低。例如，他有高意愿，也有高潜力，但现在的需求还不是很高。这类客户，我们需要持续地激发他的需求。

C 类，"三高"中一高两低。例如，他有高意愿，但潜力和需求都比较低。这类客户需要长期培养。

请记住，打标签是动态的，例如，B 类付了费，就会变成 A 类。所以，一定要根据客户的具体情况来打标签。

关于朋友圈客户分析与痛点挖掘，一定要做到"知己知彼，百战不殆"。没有人能天然成为销售之神，一定是你足够了解客户，足够了解你自己，在细节里能够做到极致，才有可能得到更好的结果。

大家不妨去看一下朋友圈，你的客户有哪些深度问题没有得到解决，而你正好能提供相应的解决方案？

朋友圈文案与设计

就朋友圈而言，文案与设计是传达信息、吸引眼球的关键。一段好的文案和一个好的设计，能够让你的朋友圈脱颖而出，成为大家关注的焦点。

要想做到这样，千万要避免发低质量、负能量和广告性的朋友圈。否则不仅不会吸引客户，可能还会损害你的个人形象，甚至会被别人删除或者屏蔽。

在朋友圈里，我们应该提供有价值的内容，围绕个人生活和价值观展开更充分的曝光。比如，和谁见面，在哪里吃饭，看什么电影，去哪里旅游，有什么价值主张，这些都能给你的朋友圈带来正面影响。

因此，**朋友圈要以"朋友"为先，以"圈"为后，先做朋友后做生意。**

要想让朋友圈吸引人，关键在于"给"，而不能只是"要"。很多人喜欢群发消息，请求点赞或扫码加群。这种属于"要"的思维方法，效果往往不好。

"给"就是给予。我经常在朋友圈分享干货文，比如做高客单 IP 的五个心得，做好朋友圈的三个核心，做好高客单成交三个不要踩的坑。这样的内容会给到客户价值。

我在跟别人私聊时，会先给对方送一份资料或见面礼，让客户感到被重视，这种方式会增加客户对我的信任和好感。当我需要他帮忙时，他就愿意帮我。所以，做事要先"给"后"要"，而不是先"要"后"给"。

微信提供的是私域资源，如果你没有维护意识、维护能力，就会导致客户对你的私域产生反感，不愿意看你的朋友圈。

文案是为客户需求服务的

发朋友圈不是为了让别人点赞，而是为了让别人看见，提高曝光率。如何激发别人打开你的朋友圈的兴趣是至关重要的。如果你能长时间提供稳定且高质量的朋友圈，别人自然会对你的朋友圈产生兴趣。

怎么提高曝光率呢？就是要理解客户的心理。这里，我推荐大家使用 AIDA 模型。该模型包含以下四个要素：

注意力（Attention）。现在，人们的注意力很稀缺，尤其受到短视频、直播等影响。所以，设计朋友圈的第一要素，就是要吸引注意力。例如，我写文案，会用"天呐""炸了""我哭了""我后悔了""踩坑了"等词来吸引客户的注意力。

兴趣(Interest)。吸引客户的注意力之后，就需要激发他的兴趣。例如："天呐，最近交付排不过来了！你想不想客户像找我一样排队找你？"

欲望（Desire）。客户产生了兴趣，需要引发他的欲望。例如："如果想让客户排队找你付费，你要做以下的动作。"

行动（Action）。有了欲望，必须促使客户行动起来，可以通过一个明确的行动指令来实现。例如："给我点个赞，我将告诉你这个关键的动作是什么。"

当你的准客户看到这样的文案后，他就会对你的产品或服务产生兴趣。

朋友圈文案的几种类型

要想写好朋友圈文案，需要一些固定的框架和结构。对于普通客户而言，常用的文案，主要有以下几种类型。

第一种，干货型。

干货型文案，用结果做开头，直接引入干货。例如：

最近我做高客单 IP，连续出了十个订单，并从中总结出五个心得。

细致地描述完这五个心得之后，再做一个总结。

第二种，人设型。

人设型文案，以一个引人好奇的问题开头，结合个人特质和操作技巧。可以先自夸一下，例如：

为什么很多头部 IP 愿意付费找我合作？

为什么我直播间的停留时间能霸榜第一？
为什么很多人愿意靠近我？

因为我很真实，我不是为了多卖一些产品而去夸大销售，我会在直播间非常诚恳地跟大家分享我能解决哪些问题。让大家相信我有这个能力和可靠性，并且提供零风险的服务，这样可以很快吸引意向客户来选择我。

第三种，产品型。

产品型文案，可以用 AIDA 模型写一个关于客户需求的描述，围绕客户的痛点，吸引他来直播间，并告诉他什么产品能解决他的问题。例如：

你的直播间是不是出不了单？为什么出不了单？因为你的直播流程和节奏有问题。我帮一个客户调整了节奏之后，产生了 ×× 效果，如果你想要同样的效果，请关注我的直播。

第四种，价值型。

价值型文案，与个人的价值观有关。例如：

我们不服务负债的人，不服务期望过高的人。

这样做的好处是，别人会认为你是一个有底线和原则的人，更值得信赖和合作。

第五种，案例型。

案例型文案，要分享具体的案例，如果没有案例，就分享你与客户的互动过程。例如，你如何帮助客户，客户获得了什么成长，你现在启动了什么项目，你的发心是什么，你怎么交付，你的承诺是什么。

就算是刚刚起步，也可以诚恳地说：

我还没有案例，你愿不愿意做我的第一个案例？我能给你××优惠。

不用担心没人找你，就像《启示录》里讲的，"永远会有尝鲜者"。

第六种，过程型。

过程型文案，主要分享交付的过程或者做事的过程。例如：

我现在去北京出差，给一个客户做交付。

这样不仅可以展示你的努力，还说明你的服务很到位。

按照客户的需求，你可以从以上六种文案类型中匹配相应的去应用。

高客单客户对于营销更敏感，如果朋友圈呈现出高级感，可以采用以下两种方案：

第一种方案，描述交付过程。

写高客单文案，就是要描述你的交付过程非常辛苦。高客单客户想看到你的付出过程，你越辛苦他们越会觉得值得。例如：

> 在一次发售活动中，我们团队 8 个人，累计付出超过 100 小时。我们正常的咨询收费标准是 1 小时 1 万元，而这次发售取得了数百万元的业绩。付出了 100 个小时以上，仅收取了几十万元的项目操盘费用，这让我们的客户主动为我们转介绍了两个客户并且续约明年的合作。围观的潜在 IP 客户也主动联系我们，想与我们合作。

这就是高客单客户想看到的——更高的投入产出比。客户向你付钱，就是为了获得更高的产出比。

第二种方案，高级销售策略。

我举办线下课，会使用一个词——"不销而销"。高客单客户喜欢高级的销售，我们就会不销而销。例如：

> 在一场线下课中，没有任何销售环节，却有 80% 的客户主动下单，你想不想知道我是怎么做到的？

客户看完这样的文案，就会觉得你很高级，就有兴趣看下去。

把朋友圈变成"金矿"

如何设计朋友圈，才能让朋友圈成为金矿呢？关键在于内容的精心编排。你发布的内容一定要结合你的产品特点与你的客户案例。例如，我想表达的是"我的专业能够帮到你"，怎么在朋友圈呈现呢？我可以讲一个故事。

我之前学打羽毛球，学了一年之后，觉得自己的水平很高了。有一天，我遇到一位羽毛球教练，想和他切磋一下。结果 20 个羽毛球打出去，我连球的影子都没看着。我突然意识到，业余与专业之间的巨大差距，于是决定向他付费。如果你想学会一种专业能力，就要向专业人员付费。

我通过这个故事来表达"我的专业能够帮到你"这一观点，还能够教育或影响朋友圈的人，从而让我的内容变现。

为什么很多人在向你付费的时候会担心距离、价格、效果等问题呢？是因为你的朋友圈内容讲得不到位。大家想要制订发布朋友圈的计划，可以参考以下两点。

1. 掌握发朋友圈的时间节点

人的生活是有节奏的，发布朋友圈，需要与人的生活节奏相匹配。

例如，早上起来，想要奋斗了，可以发能量圈；中午工作后，有了一些对工作的想法，可以发一些方法圈；晚上准备休息了，可以发一些情感疗愈的内容。

而且，人们在工作时间段很少看朋友圈，即使看到，点赞的也很少。总地来说，一般晚上或睡前，是发朋友圈的黄金节点，具体要根据自己的客户情况来调整。

2. 评估朋友圈是否健康的指标

要想根据反馈，调整朋友圈的内容，确保打到客户的痛点，可以看以下几个数据指标：

第一个指标，你重要的朋友圈有没有人点赞。如果你的朋友圈长时间没有点赞，说明你的朋友圈布局有问题。

第二个指标，你重要的发售有没有人买单。如果没有，说明你的产品设计可能有问题，需要重新考虑产品设计。

第三个指标，有没有人主动给你发私信。如果你发布多条朋友圈后，却没有收到一条私信，也说明你的朋友圈布局有问题。

第四个指标，朋友圈的购买转化率。如果你发布内容后一直没人购买，说明你的内容策略有问题。

如果一直有人私信你，咨询如何与你合作及收费的问题，这证明你朋友圈发布的内容是有效的。有效地经营朋友圈，可以使客户主动找你了解产品，并愿意为此付费。

好的朋友圈文案设计，应该既能真实且高级地呈现自己，又能满足客户对你的窥探与了解。客户添加你之后，一定是想了解你的，想要做好私域，一定要主动曝光自己。另外，良好的展示还能让意向客户建立对你的信任。

大家不妨想一想，如何发布你的朋友圈内容，才能让客户被你持续吸引？

"种草"式成交攻略

成交的底层逻辑是信任，成交中最难解决的问题也是信任。

例如，面对同样的产品，我选择胖东来，不是因为便宜，而是因为信任感。同样，我们买 A 品牌，不买 B 品牌，也并不是因为 A 品牌比 B 品牌好，而是因为我信任 A 品牌。

让客户潜移默化地喜欢你、认可你，这个过程就叫"种草"。"种草"式成交的特点在于，它是通过内容和人设来培养客户对你的喜欢、认可和信任。这时，不管你提出什么价值主张，只要你的价格和权益合理，客户就会下单。相较于其他销售方式，这种方式更温和，且更能被客户接受。

然而，很多人忽略了信任的重要性，过分关注价格、优惠策略，以至于营销策略出现了偏差。

"种草"式成交的要素

那么，"种草"式成交由哪些要素构成呢？

1. 人设

人设弱，或者没有人设，客户对你没有准确的认知，很难实现变现。因此，塑造一个强有力的人设非常重要。

2. 价值主张

当客户听到你的产品可以有效解决他的问题，这个价值主张是他想要的，他就会购买。例如，"对赌拿结果式付费""0 场地的轻创业"，这就是人的价值主张。

3. 视觉呈现

客户往往喜欢美的、高级的东西，在做"种草"式营销时，一定要把视觉内容的美感和质感呈现出来，可以聘请专业的海报设计师和视频剪辑师。

4. 案例

案例是最好的证言。通过展示成功的案例，可以增强客户对产品的信任度。

5. 客户好评

好评就是客户在使用过程中产生的一些优质评价。一个案例从开始到完成，需要的周期较长，如何让客户在这个过程中付费呢？需要持续地分享中间的过程，过程分享得越好，可信度就越高。

我从英国定制了一张床垫，等了 4 个月，花了 8 万块。我之所以会买，是因为销售人员给我讲了一个高客单的逻辑。他说：

> 这张床垫你可以睡一辈子，如果你能活 100 年，一年
> 365 天，那就是 3 万多天，算下来，一天也就两三块钱。

我觉得有道理，就买了。虽然生产时间很长，但他做了很重要的过程性交付。通过详细地介绍这张床垫的材料和制作过程，让我慢慢地建立了安全感和信任感。

6. 与个人生活有关的社交圈

很多人喜欢一个 IP，认可一个人，并不是因为他的短视频拍得有多好、讲得有多好，而是因为看到了他立体的一面。

有的人喜欢在直播间搞怪，给人他是一个有趣的人的感觉，这也是一种"种草"的逻辑。

7. 讨论过程

产品过程展示，内部讨论产品怎么升级等，都是客户想要了解的，也

是很好的"种草"方式。

8. 个人学习和成长

学习，说明你是一个上进的人。通过分享自己的学习经历，可以吸引到客户。

9. 大咖背书

让别人知道自己，需要学会"吹牛"。"吹牛"有四个阶段：我说我牛，别人说我牛，说我牛的人牛，我说谁牛谁就牛。顶级大咖，就是我说谁牛谁就牛。

通常，我们处于第一阶段，自己说自己牛。因为我们说自己牛的时候，带有主观性，客户很难相信；但如果大咖说你牛，客户就很容易相信，这叫信任转嫁。所以，大咖背书可以极大地增强客户的信任度。

"种草"式成交是朋友圈成交的核心组成部分

在购买产品之前，客户通常会有一个考虑的阶段，这一阶段的准备很重要。如果通过"种草"，能够清楚地传达产品的价值、价格和客户画像，就能消除客户 80% ～ 90% 的购买疑虑，然后来直播间下单只是完成购买流程。

以少帅私域商学的发售为例，当时有很多人来我直播间只听了一两分钟就下单了。他们说已经观察我很久了，只等我发售就购买。

这表明你做的每一件事都有人关注，你做好了，关注你的人就会付费。客户还会关注付费之后的结果到底怎么样，来评估它的价值。

"种草"式成交的关键在于，让更多人关注过程，并主动吸引他来关注，因此，一定要把过程展示出来。

做好"种草"式成交的建议

想要做好"种草"式成交，我给大家几点建议：

1. 想要发圈就发，不要追求完美

很多人发朋友圈的卡点，是追求完美。这种意识必须改变，没有完美的时刻，想发圈的时候就发。那个时刻是符合心流的，在心流状态下迅速行动，客户也能感受到这种能量。

例如，此刻你感到很开心，可以立刻在朋友圈表达出来，看到的人，就能感受到你的这种能量。

有很多好的内容没有及时发布，结果失去了最初的感觉，反而写不出好的内容。

2. 布局决定结局

布局决定结局，发朋友圈也应该制订一个明确的规划：早上发什么，中午发什么，晚上发什么。把"种草"式成交策略与这个框架结合起来，可以使你的朋友圈实现不销而销。

未来的成交主流就是"种草"，即内容营销。不销而销的本质也是内容营销。大家不妨想一想，哪种情况下，你会被"种草"？

助攻成交的策略实操

很多人在朋友圈发布的内容，往往只是一个人自说自话，缺乏对话感和场景感。如果你朋友圈里出现其他的人，特别是厉害的人对你的评价，朋友圈的立体感和互动性就会得到显著提高。

当你的朋友圈里有一群人说你的产品很牛，说你的产品很有效果，客户就会完成一个心智建设，获得一个新认知，并且对你产生信任，想向你付费。

成交中的几个阻碍

在朋友圈营销产品时，可能会遇到一些困难，导致产品无人问津，无法完成成交过程。

1. 没有建立信任

出现这种困难，是因为没有完成客户心智的建设过程。针对这种情况，我们需要通过预热、铺垫来引起客户的关注。例如，你的产品讲的是出书，那你要提前铺垫一下出书的重要性，分享成功案例和背书等。铺垫完之后，再推出一个出书训练营或出书体验课，来激发客户的购买欲望。

抓住客户的注意力，让客户完成心智的建设，再释放这个产品，客户才会购买。

2. 文案吸引力不够

朋友圈文案的类型和价值，前文已经提及。文案要精准且有吸引力，才能满足客户的需求并激发他们的兴趣。

3. 案例不足

案例不足，产品的说服力就不够。通过提供丰富的案例，能使客户了解产品的效果，增加他们对产品的信任度。

4. 没有产品设计

一个人的能力再强，如果没有产品做承接，也无法向潜在客户呈现结果。没有合适的产品作为媒介，往往很难实现变现。

5. 没有成交主张

每一次成交，都要有成交主张。就像做活动发售，也会有非常清晰的成交主张，即现场下单有什么好处，促进客户当场决定下单购买。

6. 无法精准表达

在朋友圈精准表达产品的特点和优势，才能让客户一目了然地看到差异化。比如，一瓶水需要经过 15 道工序，层层把关地做出来。把所有的工序一一拆解呈现出来，客户一看到，就会有购买的欲望，这个水就会很好卖。

破除成交阻碍之后，如果还没有成交，我们就需要检查朋友圈有没有其他问题。比如，人设有没有建立？有没有为产品"种草"？价格设定高不高？朋友圈预热够不够？私聊工作到不到位？

无法成交的原因是多方面的，要一一分析和排除。

让别人裂变的必备功课

要想通过朋友圈实现裂变，就需要你的产品能帮到客户，并获得他的认可。没有这个前提，即使你给的分润再多，客户也可能不愿意参与。

如果你想要在朋友圈通过裂变获得新客，可以参考以下几个方法。

1. 日常中做一些口碑和案例的积累

古语说："兵马未动，粮草先行。"朋友圈要有充足的"弹药"，才能让裂变变得更轻松。日常做的口碑和案例积累，会形成裂变的素材，也就是"弹药"。我做裂变之所以很轻松，是因为我们有几十个裂变的"弹药库"，素材非常丰富。

2. 平常要与别人有来往

很多人在做大型活动时，之所以没有足够的人支持，是因为他们平时与别人没什么来往，人脉资源不够丰富。平时要做一些基本的社交积累，在不同的圈子里交朋友，人际关系到位了，别人才愿意在关键时刻给你做助攻。

3. 要有互惠互利的意识

有些 IP 只会不停地索取，不知道回报。人们最初可能愿意帮助你，但是后面发现你只索取而不给予，就不愿意再帮助你了。

别人帮了你，你也要帮别人，而且你提供的价值，要超过别人给予你的。别人帮你一分，你要帮别人两分。这样，你的朋友圈才会形成良性循环，得到的助攻也会越来越多。

助攻成交的策略

如果你想在朋友圈，通过别人的助攻实现成交，可以尝试以下几个策略。

1. 借助别人的素材，抬高自己

如果有人在朋友圈提到我，或者发与我有关的内容，我就会跟对方沟通，请他将这些素材授权给我。然后，我通过分享他对我的正面评价，来抬高自己。因为，他的评价比我宣传自己更有说服力。

这有点像你追一个女生，通过这个女生的闺蜜来获得这个女生的认可一样。这个女生觉得闺蜜的建议很中肯、很客观，她会愿意接受。也许，闺蜜的一句话，比你的十句话更管用。

我用别人的素材，就相当于借用女孩闺蜜的评价，来完成一个自我鉴定的过程。

2. 抬高别人，把别人夸一遍

在社交中，一定要先夸赞别人，毕竟利人就是利己。在朋友圈贬低别人、打压别人来抬高自己，这种行为不仅低级，而且容易让别人产生反感。许多在网络上爆雷的，都是由"贬低别人"这种行为引起的。

在朋友圈中获得助攻，最好的一种策略，就是抬高别人，把别人夸一遍。你抬高别人，别人也会夸赞你。

3. 借别人的案例，来讲你的故事

尽管别人的案例不是你做的，但你仍然可以通过它描述行业现状。例如，现在大家都想为操盘付费或都想出书，这代表这些领域有很大的需求。这就是"他山之石，可以攻玉"。

众人捧，大业成。成功要靠杠杆，千万不要只靠自己。

朋友圈 SOP 流程体系的构建

SOP 流程体系是一种标准化的操作流程，它能够帮助我们系统化地管理朋友圈。一套完善的 SOP 流程体系不仅能提高我们的成交率，还能帮助我们更好地维护和发展我们与客户之间的关系。

很多人发朋友圈没有完善的 SOP 流程体系，导致朋友圈内容混乱不堪。要想解决这一问题，可以采取以下两种策略。

1. 识别朋友圈的场景和节点

识别朋友圈的场景和节点，这一点非常关键。例如，在春节期间，人们在想什么问题，在做什么事情，我们都要有所了解。

如果我们在朋友圈发布这样的文案：

大家是不是都回家过年了？回家之后，你知道怎么和父母相处吗？你知道如何帮父母做点事？

在这样的场景和节点下，这种文案就很有代入感，很容易引起人们的共鸣。反之，如果不能契合那些场景和节点，发布的内容就很难吸引人们的注意力。

2. 符合你的客户画像

很多人发布的朋友圈内容五花八门，想到什么就发什么，缺乏对自己的客户画像的了解，导致客户对你的认识模糊不清。

标签过多，就等于没有标签；重点过多，就等于没有重点。

朋友圈本质上是为了服务于你的业务，所以一定要清楚你的业务是什么。例如，我现在的主要业务是高客单操盘，我会反复讲高客单操盘这一件事情，朋友圈的其他内容，也都与这个核心点息息相关，这对于业务的推广至关重要。

用商业思维，把朋友圈做到极致

朋友圈的本质，是将个人思考和商业结合。朋友圈的 SOP 体系构建，就是用商业思维把朋友圈做到极致。一般的朋友圈发布文案；顶级的朋友圈呈现个人的价值观和超强人设，让客户被你吸引而来。

你的客户群体层次不同，有为你付几百元的客户，也有为你付百万元的客户。那么，该如何覆盖这些群体呢？你对专业的深度思考至关重要。

我经常在朋友圈分享我的一些深度思考。比如，我对业务的理解逻辑是什么，我对未来的趋势判断是什么，以及当下应该用什么策略，有什么方法。这可以有效展示我的商业洞察力，从而吸引那些高客单客户。

为了更好地成交，不妨换位思考一下，客户在什么情况下，愿意为你付高客单费。一般来说有这么几种情况：

第一种，客户对你信任、有好感。

第二种，客户有这个需求。

第三种，客户相信你能帮他解决问题。

第四种，客户相信找你没有风险或者风险低。

让客户知道，选你风险低、可靠性高、成功率高，甚至百分百成功，他就会找你，并向你付费。

厉害的朋友圈成交体系是什么样的？

朋友圈成交体系是一个综合性的营销策划，主要包括以下几个维度：

第一个维度，朋友圈的三大圈。

朋友圈的三大圈，分别是人设圈、内容圈、产品圈。

人设圈主要是塑造个人人设，包括个人的状态、社交、工作、生活等方面。通过对人设圈的排版布局，可以展示个人的魅力和价值观。

产品圈主要关注产品本身，通过分享产品的交付口碑、成功案例和客户见证，来提高产品的信任度和吸引力。

内容圈主要分享有价值的内容，如金句、案例等，为产品提供素材支持，激发客户的兴趣。

这三大圈，组成了朋友圈 SOP 体系的大框架。

第二个维度，时间节点。

发布朋友圈时，你需要考虑，你的客户是哪些人，你怎么有针对性地发朋友圈，怎么在不同的维度去吸引他们，这样才能更精准地做好朋友圈营销。

这是一个三位一体的形成过程。

发圈的时间节点	建议内容1	建议内容2
7:00~8:00	奋斗金句、生活感悟、价值观传递，记住要有感而发	发生活圈，在朋友圈融入自己的生活仪式感，比如早安、跑步锻炼等，传递美好状态
9:00~11:00	分享工作收获与感受等，让客户更加了解你、走近你	分享工作场景和朋友的评价等，来体现你工作的认真和专业
12:00~13:00	用SCQA模型"种草"，做软文植入，比如你是不是发圈没人点赞	分享你的午餐状态，你对于生活的仪式感
15:00~17:00	发一些内容圈，比如你今天的专业见解，让大家信任你	分享一些你在专业维度取得的成果
18:00~20:00	黄金"种草"时段，最容易被看到和关注，咨询诊断—晒单反馈—特点介绍—学员反馈等	能够呈现我们项目的受欢迎程度，比如业绩、报名火爆情况等
20:00~21:00	最近的进步以及挫折、复盘，所思所想，传递三观、提供价值，传递个人特色，让人被你的价值观和特色折服	成果展示图，自己认真、工作学习的照片配图或长文形式无图片
22:00~23:00	最后的时间走心最重要，发些学习收获、成长心得、价值观类的	心理安抚，心得类别的
总结	发圈最重要的是找到适合自己的节奏，以上是建议节奏，可以根据自己的情况优化	

表1　厉害的朋友圈成交体系是什么样的？

我们操盘一个家庭教育 IP，帮助 IP 主做了一个朋友圈 SOP 流程体系，早、中、晚分别发什么内容，用什么素材，写得非常清楚。她每天按照这个流程体系发圈，保证了她的朋友圈稳定持续地输出。这样的朋友圈 SOP 流程体系，在 2023 年为她实现了将近 1000 万元的变现。

她的朋友圈做得很丰满、很立体，能够通过不同的素材呈现自己。而且，她的呈现方式，符合客户的决策过程。

第一个决策过程，包装艺术。 人们通常会在什么样的门店消费呢？一定是装饰得体的门店。朋友圈也是一样，发布的内容也需要包装，而且既要真实可信，又要高级地呈现出来，以吸引客户的注意。

第二个决策过程，案例展示。 朋友圈展示的产品案例、专业性、解决问题的能力等，都会影响客户的购买决策。通过精心设计朋友圈的背景图、头像，可以增强产品的可信度和专业性，从而吸引客户产生购买欲望并做出购买决策。

发朋友圈，构建可持续性的 SOP

朋友圈SOP的建立，并非一蹴而就，必然要经历从无到有的过程。这里，需要注意以下几个事项。

1. 要有素材

朋友圈的内容要丰富，不仅要有文字，还要有图片和视频。素材不足的话，朋友圈内容就会显得很单调，也不具备很高的可信度。我建议你养成随时记录素材的习惯，对建立朋友圈 SOP 会大有益处。

以下是我朋友圈的部分内容。

 少帅 | 新年大秀进行中
最近特别开心，人生不需要太多朋友，深度结交一些同频的美好灵魂，深度赋能，一起 # 拿到好的结果，深度影响少数人，从而产生广泛影响力，奥利给 ✌

 少帅 | 新年大秀进行中
嗯，这次线下课照片帅了一些，空腹真心有效果呀，大家的反馈是 # 封神了，很炸裂，听完很通透，找到了方向，奥利给 ✌

2024 年 12 月 28 日 23:47　删除

少帅 | 新年大秀进行中

哈哈，爱吃美食的我，每天最开心的时刻就是，在繁忙的工作间隙吃一顿大餐哈哈，好开森✌️

2024年12月27日 23:09　删除　　　　　　　　　　　　••

 少帅 | 新年大秀进行中

做私域越利他，业务越开挂，哈哈，充个电，吃点美食，战斗继续，奥利给✌️

2024年12月26日 19:26　删除　　　　　　　　　　　　••

2. 要有框架

写朋友圈文案时，清晰的框架意义重大。不管是场景、冲突还是解决方案，我们都要有清醒的认知，并把它们写到框架中。另外，多储备几种框架模型，你在写作文案时就会有如神助。如果你没有写框架的习惯，那么最终结果不是写不出来，就是写得很复杂。

3. 要有信念感

发朋友圈不是为了直接变现，而是要"种草"，即培养准客户的信任和购买意向。带着这样的信念，发朋友圈时就不会急功近利。

4. 需要逐步完善

在构建朋友圈 SOP 的过程中，不要一开始就展示人设、内容和产品，而要采用循序渐进的方法，从想法开始，逐步落地、完善，直至完美。也就是先要有概念，再有框架，然后慢慢完善里面的内容，你的朋友圈就会逐渐丰满起来。在这个过程中，你也可以按照自己的感觉，选择先从一个方面入手。

当然，可能会有朋友觉得这个流程体系过于复杂，难度很大。假设这么做，能让朋友圈为你带来几十万元的变现，我相信人们愿意在这上面投入时间和精力。而且随着专业性的不断提高，它会逐渐变成一种习惯，也就没有那么难了。

这个过程，就像搭积木一样，我们可以先从自己能做的事情开始，慢慢搭建起框架，然后填充内容，最终形成一个完整的流程体系。

解决问题，不要停留在想象中，而是要在行动中逐渐完善。读到这里，不妨思考一下，如果朋友圈能给你带来千万级变现，你愿意坚持每天发朋友圈吗？

PART 3

一对一
成交

私聊沟通的艺术

在私域经营中，私聊是一个至关重要的环节。作为一对一的沟通方式，私聊具备高价值属性，其真正价值不是快速成交客户，而是识别对方对你的认知水平，促进双方关系的深化。

私聊的常见误区

如果采取的私聊方式不当，不仅达不到预期的结果，反而可能会使对方感到不舒服，将你删除。在私聊的时候，通常有以下几个误区，需要注意。

1. 随意发送语音信息和打语音电话

私聊时，一般以文字为主，不要随意发送语音信息。如果你突然发送一条语音信息给对方，比如问："你在吗？""你今天有没有什么事，可以聊一下吗？"对方可能会很无措，觉得你没有礼貌。

另外，也不要随意给对方打语音电话。如果需要打语音电话，一定要提前征求对方的同意，而且要把沟通的内容和需要的时间告诉对方，以减少对方的不便和提高沟通效率。

2. 把私聊变成群发

私聊是私密的沟通，很多人却把它变成了群发，比如春节时，群发祝福消息。群发虽然可以快速传达消息，但可能会打扰到对方，让对方认为你没有诚意。为了避免滥用，在群发后，应该进行个性化的信息维护。比如，群发后补一条信息：我刚才是群发，如有打扰，不好意思；如有帮助，你可以来参与这样的活动。这样不仅可以减少对对方的打扰，还可以表明自己的诚意，并帮助你建立信任。

3. 使用错误的称呼方式

私聊中，有人常犯一个错误——在不确定对方身份的情况下，随意给对方一个称呼。错误的称呼方式，会让对方感觉你缺乏对他的尊重。

如果你不知道对方什么身份，以及他的称呼方式，在私聊中就尽量使用尊称，借此增加对方对你的好感，让他更容易接纳你和你的沟通方式。

4. 写长内容

私聊的目的，是深化关系，要追求简洁、高效的沟通。

一般写内容，宜短不宜长，尽量做到简洁明了，否则会增加对方的阅读负担。

5. 排版不清晰

很多人写私聊信息，不仅没有标点符号，还错字连篇，给人造成极大的阅读障碍。为了提高阅读效率，排版一定要清晰，让人一目了然。提升信息可读性的同时，也让对方感受到你的真诚。

6. 没有明确的对象

在私聊时，一定要避免使用群发式话术。比如，我们马上要搞一场万人活动，快来扫码进群吧。这一看就是群发的话术，没有私聊的感觉。

在私聊中，使用别人的名字或称呼，可以营造一对一的交流氛围，这样对方就会有对象感。比如，刘 sir，你在吗？我有个事想跟你沟通一下。

7. 用精心编辑的话术

有些人觉得，私聊时应该用精心编辑过的话术，这是用心的表现。其实恰恰相反，这样的话术很难让人产生信任感。

用真诚自然的沟通语言，让对方感受到你的真诚和专业性，对方才会信任你，才愿意与你深入交流。

8. 想一步到位

有些人加了微信之后，会立马发消息，让对方来参加活动，这是不符合成交和决策逻辑的。私聊的话，不要一开始就想成交，而是应该循序渐进，从建立好感开始，逐步满足对方的需求，最终建立购买关系。

在一个私董会社群中，有一个做家庭教育的人问，怎么做高价值定位？我刚好辅导和操盘过几个做家庭教育的 IP，知道如何做定位，就跟她讲了定位的 3 ～ 5 个要点。

她觉得我很专业，就加了我的微信。然后，我开始分析她的问题，提出相应的解决方案。提完之后，我们公司安排了一个咨询师，和她沟通了 30 分钟，她很快就拍了我们 5 万元的私教产品。

在这个私聊成交的案例中，我们是这样做的：

第一步，先提供给对方有价值的信息或建议。

第二步，分析她的问题，并提供相应的解决方案。

第三步，分享成功案例，增加说服力和信任度来提高成单率。

第四步，给她一个非下单不可的理由。 比如说，我们的私教正在收官，以后都不再接私教了，现在只剩下最后两个名额。

通过上述策略，在一个小时内，我们就完成了一个 5 万元的高客单转化。

对私域经营应该怀有敬畏之心，通过朋友圈呈现一个高级且真实的人设，加上精准沟通的能力，就能让客户感受到你的专业和诚意。

私聊转化六步法

私聊转化，我们有自己的一套方法，主要有以下六步：

第一步，建立亲和感与好感。

在私聊初期，关键在于建立一种亲和感和好感。比如，我们可以发送自我介绍和相关资料，这样对方就可以感受到你的专业度和诚意，从而产生好感。

第二步，等待对方回应。

在发送信息后，我们要耐心等待对方的回应。如果对方没有回应，说明对方可能对你不感兴趣，或者不想回复你，抑或是对方刚好有事，如果对方回应了，就进行第三步。

在对方没有明确回复之前，不要频繁发送信息，以免造成干扰。

第三步，针对性沟通，真诚夸奖。

对方做出回应后，接下来就要深化双方的沟通。比如，对方回复一个自我介绍，你可以抓住其中的亮点，真诚地赞美对方。

> 我曾做过一个私聊案例，对方是一位做形象礼仪的老师。
> 我夸她很好看，很有气质。她非常开心，觉得我很有识别能力，
> 她的价值一下子被我看见了。

这种赞美能够让对方感受到被重视和理解，从而加深双方的情感联系。

第四步，识别需求。

了解对方的需求，是私聊中的关键一步。我们可以通过观察对方的朋友圈，以及他给你的点赞，发现他的兴趣点和潜在需求。

这种观察有助于我们更精准地提供符合对方期望的信息和服务。

第五步，提出合理的成交主张。

在识别出对方的需求后，就可以提出一个合理的成交主张，可以邀请他听一场公开课，也可以邀请他加入你的社群进行"种草"。

需要注意的是，你的主张必须是切实可行的，不能一开始就提出过高的要求，否则可能会让对方感到压力。

第六步，表达感谢。

无论对方有没有购买产品或服务，都要表达感谢。可以通过回赠小礼物或其他形式来表达，这不仅可以使私聊更加舒服，还能展现你的诚意和专业性。

除了上面讲到的六步法，要想私聊到对方的心中，实现高效转化，还需要注意以下三点：

1. 识别合适的时间节点

很多人选择私聊的时间节点不对，比如对方在洗澡、开车的时候，就很难与你沟通。最好的时间节点，应该是在对方有空且方便沟通的时候，比如对方在看你朋友圈的时候，此时与对方私聊就可以提高私聊的精准度和有效性。

2. 不要恋战

私聊时，时间不要太久，以免使对方疲劳或转身忙别的事宜。因为，每个人的注意力和时间是有限的。私聊时，对方可能在上厕所，10 分钟就是他的极限；对方也可能在吃饭，15 分钟就是他的极限。因此，要在有限的时间内完成沟通，千万不要恋战。

3. 快速转场

因为不能恋战，所以我们需要快速得出结论，并转移到下一步的行动，或语音通话，或在线会议，或直播间。快速转场，可以保证沟通的连续性和有效性。

高客单转化的三个重点

私聊中，要实现高客单转化，还有几个很关键的点：

1. 提供价值并识别对方是否有付费意识

当我们提供有价值的信息或建议后，要注意观察对方的反馈。高客单客户通常会在接收到有价值的信息后给予积极的反馈，比如发红包或赠送礼物。相反，如果客户不停地提问题，却没有任何形式的反馈，基本就能断定对方没有付费意识。

2. 提供帮助的时候保持边界感

在提供帮助时，首先要确保信息的准确性，其次看对方是否给予积极的反馈。如果对方没有给予积极的反馈，就不再向他提供帮助。

如果对方给予积极的反馈，就继续提供帮助，形成一个正向的互动循环。随着需求的增长，对方可能就会转化为高客单客户。

3. 大胆解决问题

在识别出高客单客户后，要大胆解决他们的问题。

与这种客户互动时，一定要清楚地传达你的价值是什么、价格是多少，以及你能提供什么服务，不要让客户猜测你的服务价值。

通过以上策略，可以有效提高线上私聊的成交率以及高客单转化率。当你意识到私聊的本质是促进关系，而不是用来成交，你就可以更自然、更有效地进行私聊。另外，你不妨问问自己，如果有人加你微信，你希望他怎么和你互动？

顾问式签单策略

顾问式签单的核心在于，作为专家，我们通过一对一的咨询，了解客户的问题和需求，并提供一个定制化的解决方案。

这种策略不仅可以帮助客户快速识别解决方案的适用性，还能节省双方的时间，提高沟通效率。

顾问式签单成功的关键点

顾问式签单，一般适用于高客单。比如，奢侈品牌 LV 就采用了这种策略。去 LV 门店购物往往需要排队，不是因为门店没有位置，而是因为门店要配一个销售顾问与客户一对一沟通，为客户提供个性化的购物体验。

对于价值 10 万元以上的产品，顾问式签单能够更好地解决客户的个性化问题，满足他们对定制化服务的需求。

顾问式签单的成功关键在于：

第一，能深入挖掘客户的问题和需求，并提供相应的解决方案。

第二，直接沟通，可以节约时间，提高效率。

第三，提供定制化服务，满足客户的个性化需求。

比如，在直播间，如果有人想买高客单产品，可以先收取"诚意金"，然后引导客户通过腾讯会议或者语音电话进行一对一的咨询，以此来深入挖掘客户的问题和需求，再展示案例，并根据客户的反馈，提供定制化的解决方案。

线下沙龙，也是顾问式签单的有效途径。高客单客户在听完共性内容后，可以提出他的个性化问题来进行深入探讨，从而获得定制化的解决方案。

在顾问式签单过程中，一定要精准捕捉客户的问题和需求，提供零风险承诺或者对赌协议，消除他的顾虑。通过建立信任，展示案例，解答疑问，并提供定制化解决方案，就可以有效促进成交。

顾问式签单的流程

顾问式签单，是一种高效的销售策略，主要有以下几个步骤：

第一步，精准识别客源。

在顾问式签单的初期，我们要精准识别客户是否具备支付高客单价的能力。并不是所有的客户都具备支付高客单价的能力。

因此，精准识别客源，可以避免在那些不具备高客单价支付能力的客户身上浪费时间和资源。

第二步，深入了解客户的需求。

在确认客户具备高客单价支付能力后，就要深入了解客户的需求，包括预算、需求紧迫度等信息。比如，客户想出书，承接项目的人就可以在了解他的需求度和紧迫度后，更有效地进行后续沟通。

第三步，专业沟通。

专业的沟通需要有条理性的流程，包括自我介绍、需求沟通、痛点挖掘、需求确认，以及解决方案的详细介绍。介绍解决方案，很考验顾问的沟通能力，简洁性和精准性至关重要，这样可以避免因讲得太多、太长而导致客户注意力分散。因此，做顾问式沟通，一定要高精准，这样可以提高客户对解决方案的信任度。

第四步，消除客户顾虑。

介绍完解决方案之后，就可以问他有什么顾虑。

他可能会问：适合我吗？什么时间能启动？你会投入多少时间？会有什么效果？会有什么风险？

这些是高客单客户常见的顾虑。因为他们的关注点在于服务的效果和交付的颗粒度，而不是价格的高低。

第五步，高效签单。

客户的顾虑消除之后，签单的可能性大大提高，这时就可以用高效的方式完成签单。遵循顾问式签单的流程，不仅能够提高销售效率，还能增加客户的满意度，从竞争激烈的市场中脱颖而出。

顾问式签单的关键心法

在顾问式签单过程中，面对有诚意的客户，有两个关键的心法。

1. 提供价值

在顾问式沟通过程中，客户可能会提出一些问题。比如，我有了出书的念头时，有两个困惑：一是没时间，二是自己很难做好这件事。

我和我的客户刘 sir 沟通，他给我提供了解题思路——共创。和他深入交流之后，我意识到，高客单客户更注重价值，而不是仅仅听取信息。

在与某女性头部商学院合作时，她们已经取得了 5000 万元的业绩。我就识别出来，她们追求的是好的口碑、优质的体验和稳定的结果。

合作的 IP 是长江商学院的讲师，还是两家上市公司的创始人，她对合作伙伴的选择是很严格的。之前，她就对一位成功学讲师不太满意，因为他的销售氛围非常浓重。

在与我合作之初，对于她提出的若干销售问题，我进行了透彻的解答。她认识到我具备深厚的销售功底，不是市场上普通的销售人员，这就促成了我们的合作。

在做高客单签单时，一定要坦诚相待，不要有所隐藏，也不要玩套路。当客户提出疑问时，一定要直接回答，不要使用让客户感觉被套路的话术，比如，你是不是想要？你确定吗？

讲话越真诚、越直接，越容易打动客户，越能赢得客户的信任。

2. 学会带节奏

在顾问式签单过程中，有的客户很可能已经有解决方案的框架，只是不知道具体怎么做。

在这种情况下，适当否定客户的一些想法，展现我们的专业性，反而更能吸引他。比如，我们在做操盘方案时，如果客户的想法不合理，我们会果断告诉他，并提出专业的建议。这种自信和专业的建议，会让客户感到放心，并相信我们能够带来预期的结果。

我们在做顾问式签单时，目标是为客户提供超出他预期的结果。比如，在和头部女性商学院合作时，我问她，做 IP 是不是很辛苦？每天做线下课，是不是没时间做后端交付？

得到她肯定性的答案后，我接着提出，我不仅可以帮她提高转化率，还可以帮她解放自己，让她的团队来负责前端转化，她负责做好后端的交付和战略规划。

做了这么多高客单成交，我有一个很深刻的感受：**想做成高客单价产品，你就必须成为一个体验高客单价服务的人。**

一对一咨询式成交的策略

一对一咨询式成交，是一种销售和营销策略。通过一对一的咨询，了解客户的问题和需求，并为他们提供定制化的解决方案，以及个性化的服务，来促成成交。

一对一咨询式成交的特点

一对一咨询式成交的特点：**针对性强，安全性高，信任感强。** 比如，从事家庭教育工作的王姐，曾找我做一对一咨询服务。

咨询结束后，王姐说，我不仅能解决她的问题，还能通过一些案例告诉她，她应该怎么做，甚至给了她一个实现目标的路径。

一对一的付费咨询，不仅是一个交付场，还是一个提高客户满意度和客单价的有效途径。在一对一咨询中，你可以提供定制化的建议，让对方感受到被你理解和你的专业性，从而增强他们对你方案的兴趣和信任。如果你愿意大大方方地分享知识和技能，客户能感受到你的诚意，成交率会大大提高。

一对一咨询结束之后，通常可以追问"这次的咨询是否满意，为什么"，以此检验客户的满意度和后期合作的意向度。如果客户回复是很满意，那么达成后期更加紧密的合作可能性就更高了。

这是我在实践中得出的结论。通过咨询式交付后的客户，后期的合作意向度会大幅增加。原因很简单，我们通过一对一深度咨询解决问题后，客户发现，我们是能够帮助到他们的，并且运用我们提供的方案，几乎零风险，所以一对一咨询后的客户合作意向度达到了 90% 以上。

此外，一对一咨询式成交，实际上是一个验货加成交的过程。大多数高客单价客户，时间宝贵，一般不会购买课程去听，即便听，时间也比较少。通过一对一的咨询，他们能直接感受到我们的专业性。只要他们认同我们的专业性，并产生了需求，就很容易接受我们提供的解决方案。

以我与客户为例，不管是王姐还是其他家庭教育领域的客户，大都是通过一对一咨询成交的。在这个过程中，他们感受到我的专业性，且能当场体验到服务的价值，这就是一个验货的过程。

与一群人沟通，往往是在抛出解决方案，但可能不会完全符合每个人的需求。而一对一咨询，是在提供解决方案之后，还能帮助客户将这些方案落地。因此，一对一咨询不仅能够提供个性化的服务，还能有效提升客户的满意度和信任度，这对于提高客单价和成交率具有显著的效果。

把握一对一交付与转化的边界

想要把握一对一交付和后端转化的边界，建议以交付为主，以转化为辅，比重可能是 9:1 或者 8:2。这样的比重分配有助于确保客户的满意度。假如说，你一开始按 3:7 的比重用在交付和转化上，就可能导致服务质量下降，让客户感觉被营销了。

这种现象在传统会销模式中更为常见，不管是体验课、线下课，还是交付环节，都始终在营销。忽略了交付，客户会很不满意，甚至出现退费的情况。

我始终坚信：**交付即营销，最好的营销就是交付。因为交付能够展现你的实力和专业水平。**当客户支付了一定的费用，你要先保证他满意，完成交付之后再考虑转化。

在交付过程中，让客户产生了信任感和合作意向，营销就是自然而然的事情。

一对一咨询成交的高客单筛选

做高客单价交付时，不仅会得到客户的高度认可，客户还往往愿意支付更高的价格，从而形成一个良性循环。这种循环，不仅可以加深双方的合作，还可以为彼此创造更高的价值。

当然，筛选对的高客单客户也很重要。如果没有一对一沟通过，我们无法确认客户的需求与我们的服务是否匹配。过高的预期，可能导致双方的合作失败。

客户是不是合适的高客单价客户，可以通过以下几个要点识别：

第一，客户身份、预算、需求度。

在交付过程中，应该深入了解客户的身份、预算和需求度，这有助于我们精准定位服务内容。

第二，客户认可度。

在交付完成后，客户对你的认可度是衡量交付成功与否的重要指标。高度认可的客户，回应通常会更加积极，他会主动寻求进一步的合作机会。

第三，客户的思维与认知。

了解客户是否已经准备好接受进一步合作也很重要。那些没有经过市场洗礼的客户，沟通成本会非常高。

识别客户的思维和认知，对于建立信任和进一步的合作关系而言，至关重要。

比如，拍过短视频的人，更倾向于找一个专业的操盘手，因为这些人都具备一定水平的思维和认知。

第四，客户的合作意愿。

通过识别客户的经历和工作习惯，就可以判断他们是否倾向于合作共赢。有些人倾向于合作，而有些人更倾向于自己做。先做一对一沟通，有助于我们调整合作策略，以满足不同客户的需求。

高客单价客户，往往面临时间紧张和需要快速筛选解决方案的问题。谁能够快速为他们提供筛选和决策服务，并给出合理的价格，谁就能得到客户的青睐。在定价上，我们会采取灵活的策略，来满足不同客户群体的需求。比如，5 万元的定制方案班，10 万元的陪跑服务，50 万元对赌 200 万元的操盘服务，根据客户的需求来提供适合的解决方案。

一对一咨询式签单，最重要的是给客户提供超预期服务，比如客户付 1 万元，要让客户体验到 10 万元的价值。那么，如何做好一对一的交付，才能让客户体验到 10 倍的超预期服务呢？

足不出户的签单策略(电话成交)

互联网时代来临之前，电话成交是很普遍的营销方式。如今，它已经不再是营销的主流方式。

电话营销的难点

在当前的市场环境中，电话营销面临着诸多难点，比如客户接通率低、反感度高、耐心有限、愿意给予的时间短等。这些难题，导致很多人不敢做电话营销。

大多数人做电话营销都是卖东西。比如，一打电话就说："你好，你要买车吗？""你好，你要买房吗？"这样的话术，通常会令客户立刻挂电话，甚至拒接或拉黑打电话的人。

但是，这并不意味着电话营销就没有生存空间，关键在于策略的调整。比如，电话营销与私域相结合。在当前的市场环境中，客户习惯通过短视频、直播等主动获取信息的方式来完成下单，而电话营销则显得相对被动。

因此，电话营销的目标，应该在于获客，而不是成交，即通过电话营销让客户加入私域，从你主动给客户打电话，变成客户主动给你打电话。

电话营销的关键点

做电话营销，成功的关键在于要先提供价值，获取客户进一步的好感，从而实现成交。要想真正成功，在电话营销过程中，需要注意以下几个关键点。

1. 话术足够精简

大多数情况下，客户在接听陌生人的电话时警惕性会很高。讲开场白时，不要直接表明自己的销售意图，而要采取比较委婉且精简的方式，快速消除客户的疑虑和不耐烦。

这里，了解客户的姓名并用其来称呼对方也很重要，这样可以增加亲切感和专业性。比如：

> 李总，您好！我们是某某品牌的代表，正在进行一项客户满意度调研，为了感谢您，我们会送您一份小礼物，只需要占用您 15 秒钟的时间。

要在短时间内向客户简洁传达三个关键信息：调研的目的、客户可能获得的好处以及所需的时间。这样，客户可能更愿意倾听并参与进来。

如果不知道客户的姓名，就可以采用比较通用的称呼和问候方式。

比如：

您好，我是某品牌的代表，我们正在做品牌反馈收集，
并为参与者准备了一份小礼物，您有兴趣了解一下吗？

2. 语速要适中

在电话沟通中，语速也是一个需要注意的点。语速不能过快也不能过慢，以免让客户感到困惑或不耐烦。语速保持适中，不仅可以帮助客户更好地理解信息，还能展现出专业和自信。

3. 不了解需求的情况下，不要聊细节，而是聊框架

比如，有销售人员打电话问我，想买什么样的车？我都会问一下，您这边有什么车？他如果问我有什么需求，我就会很不耐烦，觉得对方没有准备好。因此，如果我们不了解客户的具体需求，就不要聊细节，而是聊框架。

4. 提供价值和礼物

在电话营销中，提供价值和礼物是一种有效的策略。

比如：

我们联系了 100 家品牌车厂商做活动，低、中、高端车都有销售活动，现在只要您来参加活动，不管有没有购买，都会送您一份礼物。

这样可以减少客户的防备心理，使他们更愿意接受你提供的信息。

5. 采用二选一的提问方式

在电话营销过程中，不要问客户是和否，而要采用二选一的提问方式，来引导客户做出积极的回应，而不是直接拒绝。

比如：

我们今天有活动，这个赠品是限额的，您看您今天需要不需要？需要的话我们直接发送给您。

这样讲完之后，客户通常会说"需要"。这就是引导客户做出积极的回应。如果客户说现在没空，千万不要问什么时候有空，而是要问明天有空还是后天有空。如果客户说都没空，就直接转场，引导客户添加微信，这样可以降低对客户造成的困扰。

6. 摆正心态

在电话营销过程中，被拒绝是常态，因此摆正心态很重要。

做到以上六个关键点，就可以大大提高电话营销的成功率。

适合电话营销的领域

在当前的电话营销环境中，客户的耐心是有限的。老板群体和比较忙碌的高管群体，大多没有耐心听长篇大论。有时间且有耐心的领域，通常是老年人群体和大学生群体。因此，传统的营销策略可能不再适用。面对这种情况，就需要改变销售思维，向 IP 经济、网红经济转变，通过新媒体和私域渠道与客户建立联系。

在电话营销过程中，客户接到陌生电话，往往会在第一时间挂断电话，没有耐心做多轮沟通。因此，电话营销更适合作为后端服务。因为现在客户已经拒绝了所有前端沟通，可能在后端很有耐心。当客户对产品有一定的了解和信任之后，后端再通过电话深度交流，反而更有价值。

在这种情况下，你需要做的，是从主动给客户打电话，转变为客户需要你给他打电话。这种转变意味着电话营销不再是骚扰，而是一种顾问式的交付场景，只有在客户需要时才会进行。

时代变了，我们也要随着一起改变。如果你是客户的话，你更愿意接听什么样的电话呢？

快速获客与成交

　　除了上述几种常见的场景，还有一种很特殊的一对一成交。比如，我们会在电梯、会场等场合偶遇客户，在这种短暂的邂逅中，有些人会错失良机，而有些人却能够快速抓住机会，激发目标客户的兴趣。

　　能够抓住这种机会的人，通常具备以下特质：

1. 眼中有客户

　　不管在什么场景，都始终记得，客户可能会随时出现。这种敏锐性能使我们第一时间识别出潜在的商业机会。

2. 能够迅速挖掘有效信息

　　我们遇到客户之后，会迅速思考如何推进关系，即迅速挖掘客户的有效信息：你是谁？你是做什么的？你有什么需求？然后据此判断是进行一对一沟通，还是先添加微信再安排后续的联系。

3. 讲话更直接，更直指核心

　　在快速成交的场合中，我们讲话会更直接，更直指核心。

我曾遇到一位想向我直接付费的客户，我立马让助理进行沟通，并给他提供一个付款二维码，完成了签单。

如果对客户的意愿识别不到位，可能会错失机会。比如，客户对你明确表示愿意付费，沟通完你却没有采取行动，失去这次成交机会，再次成交他的周期可能会更长。

我曾在恒星私董会做过一次分享，分享结束后，有一位客户问我，老师，我想跟你学高客单成交，你有什么产品推荐给我？当时，我们还没有准备好产品发售，但如果我回答没有产品，他一定会去找别人学。因此，我决定开一个体验课。他迅速支付了学费，在我们的平台下了订单。

此后，只要有可能，我们就立即开设体验课，体验课结束后高客单迅速成交。

识别客户能不能快速成交

快速识别客户的成交可能性，是一项至关重要的技能。为了准确识别客户是否能够快速成交，我们需要重点关注以下两个关键点：

1. 需求的迫切性

当客户面临紧迫的问题时，他们往往会寻求快速的解决方案。

我曾经因溜冰毁容，需要快速找一家医院做手术，找到合适的医院之后，我立马付了钱。

可见，需求的迫切性，是推动客户快速成交的主要动力。

为了准确识别客户需求的迫切程度，可以通过提问的方式来获取信息。比如，询问他期望完成的时间，或他是否咨询过相关人员等。

2. 信任度的高低

信任是推动成交不可或缺的元素。如果客户信任你且需求很明确，就可能快速成交。我有一位客户，是通过转介绍认识的，他对我的信任度非常高，需求强度大，就迅速向我付了费。

综合来说，客户需求的强度和信任度，是判断客户能否快速成交非常关键的两个指标。另外，意向度弱一些的客户群体，更倾向于在产品发售的收尾阶段采取行动。他们很可能在所有福利全部回收之前，才会做出购买决策。

有利于快速成交的基本功课

如果你想快速成交更多客户，以下几个基本功课是需要做的。

1. 案例的筹备与积累

筹备和积累成功的案例，是建立客户信任和展示专业能力的关键。

通过展示成功案例，可以向客户证明产品的有效性和可靠性。消除疑惑的时间变短，成交的速度自然相对变快。

2. 人设的呈现

个人形象和气质，是人设的重要组成，对于客户建立信任度至关重要。

因此，不管是正式场合还是日常出行，都要有一套标准着装和行为准则，来确保自己的专业形象，呈现专业的人设。符合客户的预期，才能更快速地签单。

3. 精准的表达

在沟通中，精准表达至关重要。一些人在表达时，词不达意，抓不住问题的重点，这会影响快速成交。

当客户提出一个问题时，你要能迅速抓住重点，并快速解决他的问题。比如，如果客户询问，我适不适合做产品发售。你要能够迅速理解这个问题背后的真正意图，他可能是想通过发售提升业绩。

通过精准表达客户深层次的需求，就可以显著提高成交率。

快速实现高客单成交的要点

为了快速实现高客单成交，以下两个要点是至关重要的：

1. 选择合适的沟通环境

在进行一对一沟通时，选择一个安静且私密的环境非常重要。比如，办公室或者 VIP 室等场所，都可以提供一个有利于沟通的环境。在喧闹嘈杂的环境中，客户可能听不清你的表达，也难以静下心来倾听。在这种情况下，就需要转场到一个相对安静的环境中去沟通。

这种转场，不仅可以筛选客户，还能为双方创造更有利的沟通机会，值得我们投入专门的时间和场地。

2. 精准识别潜在客户

有些客户可能需要长时间的跟进和培养，当下并不具备快速成交高客单的可能。因此，精准识别潜在客户非常重要。

日常工作中，需要保持敏锐的业务嗅觉，也要多活跃在业务一线，这样可以帮助我们在与客户的交流中快速识别出他们的需求、决策速度和付费能力。

把握好这两个要点，我们可以更有效地与客户建立信任，满足他们的需求，快速实现高客单成交。

快速成交的日常小练习

为了提升快速成交的能力，可以进行一些日常小练习。

1. 反向训练自己

如果我有需求，有很高的迫切程度，我就会反向训练自己，强化认知。比如，我要买车，迫切需要驾照，我就会思考如何快速且合法合规地拿到驾照。

这种反向训练，有助于我们更快地识别客户的迫切程度。

2. 想到就做，提升执行力

强大的执行力是快速成交的关键。"冰冻三尺，非一日之寒"，通过日常的自我激励和习惯培养，可以提升自己的执行力。比如，我会通过控制体重和每天打羽毛球，来保持敏捷性和高能量的状态，这有助于我在工作中能快速识别客户的需求。

执行力，不是想出来的，而是做出来的。不做比做错的后果更严重，宁愿做错也不要不做。"想多会焦虑，做多会治愈。"想到立即去做，绝不拖泥带水。这样，执行力就会得到大幅提升。

3. 亲身体验成交的过程

为了提高快速成交的概率，亲身体验几次成交的过程是很有必要的。当你有了亲身的感受，就会知道成交的流程，理解客户的心理和需求，这对快速成交是很有帮助的。

4. 对客户进行筛选和反向教育

如果客户的需求不迫切，我们可以采取筛选和反向教育的策略。在反向教育时，发朋友圈很重要。通过发朋友圈，可以传递我们的价值观和态度，从而吸引志同道合的客户。比如，你很果断，你在朋友圈不断传递这种价值观，你吸引来的也会是这样的人。

如果客户有购买需求，但是决策周期比较长，可以通过销售政策的设计，比如，排期设计、价格涨价设计、赠品设计，来激发客户的购买欲望，加速他的购买行动。

所有业绩的爆发，都来自日常对业务和对客户需求的深刻理解。通过对业务的深耕以及对客户需求的持续关注，我们可以在关键时刻抓住机会，实现快速成交。

如果是你自己，你在什么情况下，会快速做出高客单价的购买决定呢？

PART
4

一对多
成交

直播间成交的策略

为什么要做直播?

在现在的市场环境下，直播间成交扮演着至关重要的角色，尤其是在批量成交方面，发布 10 条朋友圈，可能促成 10 笔交易。如果直播间设计得当，单场直播便可能实现 50 笔甚至更多笔交易。

我们曾经销售过价值几千元的产品，通过连续 3 天的直播，成功售出 100 多单，总销售额接近 50 万元，效果极为显著。

我第一次在视频号做直播时，只有 1000 多粉丝，但通过提前建立社群、举办新品发布会和年度分享会，连续 5 天直播，吸引了 100 名会员加入。

这让我意识到，即使观众数量少，视频号直播也能实现高转化率。

第一天直播间有十几人，就有七八个人报名；第二天观众增加到二三十人，有十几个人报名；第三天观众人数达到三四十人，又有十几个人报名。也就是说，在视频号直播间，正面反馈非常明显。

视频号直播的成交策略中，主题的策划非常关键。主题设置好了，就可以进行批量转化。具体操作步骤如下：

第一，用直播预告做宣传。

直播间的权重比会影响流量分配，每增加一个直播预约，平台都可能会提供一定的公域流量推荐。具体的数值，平台的政策不同时期不一样。

第二，提前建立社群。

通过建立社群，可以实现一对多沟通。这种方式不仅成本低，而且效率很高。通过社群的持续互动，可以有效增加直播间的观众人数。否则，只依赖专门的运营人员一对一沟通，不仅成本高、效率低，还可能引起对方的反感。

如果我打算开一场直播，会在开播前一周甚至半个月的时候，每天发布一条视频，并将其分享到社群里。一条视频一般可以吸引三四十人预约，半个月就可能吸引几百人预约。基本上，如果直播间有两三百人在线，销售客单价几百元的产品会很容易。

第三，确定直播主题。

直播主题决定着可以吸引哪类粉丝，因此我们设定主题的时候，需要考虑目标观众及产品特性。

直播内容是保险，目标观众应该是保险行业的从业者，或者对保险感兴趣的人群；直播内容是家庭教育，目标观众大多是教育从业者。另外，产品特性也是需要考虑的重要因素，可以吸引有需求的观众来到直播间。

建立选题之后，可以通过社群提前发布公告、铺垫、预热、分享花絮，激发社群成员对直播的兴趣。否则，转化率可能会受到影响。

第四，发朋友圈。

确定直播主题后，我们需要通过在朋友圈推广，邀请人们扫描二维码免费观看。只要直播主题有吸引力，人们就会愿意参与。

但需要注意的是，免费群的注意力往往很短暂，因此建群 10 天内就要开播。如果提前太长时间建群，效果可能就会大打折扣。

通过上述策略，可以有效地提升直播间的成交率和转化率。

直播的结构和要素

要想提升直播间成交率，可以采用以下几种结构和要素：

1. 并行结构

这种结构通过并列的方式呈现多个相关主题，使观众能够同时了解多个领域的信息。

2. 递进结构

以"如何提高孩子的学习力"为例，假设有三种方法，它们就是围绕一个核心问题展开的。这三种方法肯定是分三个层次递进，每一层都在前一层的基础上进一步深化，引导观众逐步深入了解。

3. 互动转发

在直播间，通过贴片、上福袋、增加与粉丝互动的方式，以及让粉丝转发你的直播间到朋友圈，不仅可以提高直播间的在线人数，还可以增加他们在直播间的停留时间，从而提高转化率。

因为，转化是一种氛围。直播间在线人数停留时间越长，越有助于转化。反之，如果直播间只有几个人，非常冷清，就很难实现转化。当直播间在线人数比较少时，点对点沟通是一种有效的转化方式。

我刚开始直播时，虽然直播间只有十几个人，却有一半人拍了我的课程。因为我通过点对点沟通的方式，与直播间的每一个人进行个性化互动，包括直呼其名和针对性地解答对方的问题，从而实现了高转化率。

随着观众人数的增加，就可以采用批量成交的策略，利用直播间的氛围来带动销售。

总之，我们通过社群加直播主题，采用并行或递进结构，可以有效增加客户的停留时间。同时，通过互动、转发和短视频的预热，可以吸引新的流量，使单场直播间能成功地销售标准化产品。如果你有几十元或几百元的标准化产品，完全可以实现上百份的销量。

直播间的批量成交

在做直播间批量成交时，可能会遇到这种情况：有些直播间能实现批量成交，有些却做不到。这种情况的原因可能是多方面的。比如直播间的预约量、在线人数，以及当天的转化策略等，都可能导致无法实现批量成交。

为了提高直播间销售额，需要采取一些策略，在介绍产品时，应该突出痛点、卖点和下单点。痛点需要清晰明确，卖点需要直接突出，下单点则应该简洁明了。当做到这三点后，直播间的氛围将会变得热烈，从而提高转化率。

关于如何实现批量成交，可以考虑以下几种方式：

1. 邀请嘉宾连麦

邀请嘉宾连麦，可以提升直播间的在线人数和转化率。

需要注意的是，邀请的连麦嘉宾，不仅要会销售，还要有出色的表达能力，否则可能导致在线人数急剧下降。

2. 设计销售策略

直播间本质上是一个卖场，对于知识型 IP 而言，内容是吸引客户留下来的关键。

所以，根据不同内容设计的销售策略一定要清晰明确，能够使客户听完之后，对你的内容高度认可，从而产生购买欲望。

直播间转化策略

直播销售的持续时间，通常取决于销售产品的种类。

对于万元以上的高客单价产品，可能需要 5 ～ 7 天，每天 6 小时的直播。因为客户在购买这类高客单价产品时，需要一个较长的决策周期。他们需要充分吸收信息，并且深入了解产品和嘉宾。

对于低客单价产品，如几百元的产品，可能需要 2 ～ 3 天，每天 2 ～ 3 小时的直播，就能取得良好的效果。因为客户购买这类产品的决策周期比较短，通常只需要几分钟的产品介绍，加上赠品策略，再加上零风险承诺，客户很快就会做出决策。

要想提升直播间的转化率，可以通过连麦的方式，但需要注意以下几点：

第一，连麦前的沟通。

连麦的成功与否，很大程度上取决于 IP 本身会不会表达。如果你是干货型 IP，可能需要找一个能够调节直播氛围和节奏的连麦嘉宾，甚至需要全程协助。

但需要注意的是，如果连麦嘉宾特别健谈，但又抓不住重点，可能会让客户不知道直播的主题，从而模糊了 IP 形象。因此，IP 开始时应该先分享干货，来确定自己的形象，然后再连麦嘉宾来提供辅助。

连麦前的沟通会议非常重要。缺乏沟通，会导致连麦嘉宾不知道你的直播目的，在连麦过程中，他们可能会过多地谈论自己，导致转化率下降，甚至会使客户对嘉宾的认可度更高，从而影响整场直播效果。

第二，嘉宾上场时，先提供价值。

直播时，如果直接开始销售，直播间的销售氛围过浓，可能导致直播间的在线人数下降。作为一个 IP，应该先分享干货，先宠粉，再推广产品，这样客户会感到更加舒适。

第三，做好干货分享与连麦嘉宾的配置。

在一场 4～6 小时的直播中，如果有新产品发售，干货分享与连麦嘉宾的比例通常为五五开或四六开。因为客户在下单前需要一段时间的沟通。比如，在嘉宾讲完之后，客户可能会追问赠品详情或产品相关情况。在答疑环节，回答嘉宾和客户的问题尤为重要，因为有些客户可能不会提问，但他们会倾听其他人的问题，如果这些问题对他们有帮助，他们就可能下单。

"连麦战神" 的自我修炼

作为"连麦战神"，我通常会遵循以下几个原则，来确保直播连麦的成功：

1. 提前了解嘉宾的情况

在连麦之前，我通常会深入了解嘉宾的情况。和其他连麦者不同，我不会随意开播，我会花大量的时间，甚至听嘉宾的课程，以确保我能够真实地认可并准确介绍对方的产品。

比如，在和高海波连麦之前，我不仅听了他的课程，还做了几十页的笔记，对他的专业有了很深的认知。我是专业型选手，不是纯连麦选手，因此我会基于专业内容来吸引客户。我对自己的这一定位坚定不移。

2. 提前了解直播的产品、定价、客户画像

在连麦之前，我会提前了解直播的产品、定价和客户画像。了解这些信息之后，我会提前进入直播间。比如，我第二天连麦，就会在第一天去对方的直播间，以充分了解他直播间的情况。

在做足这些功课之后，我连麦时，就能清楚地知道客户的需求。

3. 灵活调整主题

在一次连麦中，由于前面已有两位嘉宾完成了两轮成交，而当时我们的主题和赠品是一样的，如果我继续沿用相同的主题和赠品，成交效果将大打折扣。

因此，我临时更换主题和赠品，并在直播前全力以赴地准备了一个小时，结果我的那场直播出单率最高。

之所以效果这么好，是因为我非常清楚客户那一刻需要什么。所有的销售都应该以客户为中心，连麦的目的不是单纯地卖产品，而是帮助客户解决问题。通过长时间地看直播，我能准确把握客户的需求，知道如何帮助他们。

连麦注意事项

除了以上几个原则，连麦时还需要注意以下几个事项：

1. 一定要清楚地了解产品

在直播时，我们必须提前把产品了解清楚，包括产品设计、客户权益等信息。如果不了解，就可能在直播中讲一些产品本身没有的权益，导致虚假宣传，交付时客户不满意等问题。

我在直播时，如果有不了解的产品信息，我还会现场追问 IP，以确保我能真诚地回答客户的问题。这种真诚的态度，使我在与多个 IP 连麦时都得到了客户的认可。

2. 坚持自己的风格和价值观

在与其他 IP 连麦时，我会坚持自己的风格和价值观。所以在连麦前，我会与对方沟通清楚，向他明确我的立场。

我不会和那种强营销型的 IP 连麦，因为这会让我不舒服，也会影响客户体验。我想把 IP 长期做下去，因此我不会允许这种事情发生。

3. 福利一定要真实

在与 IP 沟通完之后，还要明确一点，即直播间提供的福利都是真实可信的，不能有任何套路。因为套路很容易导致翻车，还可能带来严重的后果。

4. 兑现承诺

在直播中，对客户的承诺一定要兑现。

有些 IP 可能在直播中做出承诺时特别慷慨，但在兑现时却唯唯诺诺，甚至"毁约"，这会对他们的个人品牌产生负面影响。

要想在直播间成交，IP 分享干货虽然有效，但效果有限。针对这种情况，我通常有以下几种应对方式：

第一种，针对客户的问题进行答疑。如果 IP 水平高，有很深的专业功底，答疑可以提高销售额。答疑时，我会利用我们的专业方案，来提升

直播间爆单流程图	重点概括
破冰互动	让客户有参与感、归属感
预告主题	好的主题决定直播50%的流量
高价介绍	你是谁比你讲什么更重要
干货击穿	不讲不痛不痒的干货
卡点解除	让客户丝滑下单的关键
极速成交	给客户此刻就要下单的理由
循环重复	小讲小卖，大讲大卖，根据时间可以循环几轮

表2　直播间成交的策略

客户的信任度和购买意愿。当高客单价客户识别出你的水平，他就愿意向你付费。

第二种，积累学员案例。金杯银杯不如客户的口碑，学员是可以见证你的水平的，所以大家日常一定要积累学员案例。在准备发售时，我会积累学员案例，以便在连麦时能够提供有力见证。连麦前的准备工作至关重要，它是一个零存整取的过程。

直播间是 IP 和网红经济的超级放大器。当直播间的产品设计得当，提供的解决方案具有独特性时，客户自然会选择下单。大家不妨思考一下，什么样的直播间能够让客户主动下单？

线上公开课成交的策略

直播间与公开课的区别

直播间的优势，在于其高流量特性。内容吸引人，平台可能会增加推广力度，或者观众愿意帮你转发，从而带来更多的流量和曝光机会。

但是，直播间也存在劣势：

第一，观众进来容易，出去也容易。 如果直播内容不吸引人，观众就容易划走。

第二，缺乏私密性。

相比之下，公开课具有以下优势：

第一，更具私密性。

第二，可以收费或有门槛。 这样可以起到筛选潜在客户的作用。筛选完成之后，公开课的在线人数会增加。

第三，观众离开难度大。 除非公开课的内容设计得很差，否则离开的成本相对较高，所以观众的停留时间会更久，从而提高升单率。

公开课的这些优势使其在成交方面更为突出，尤其是在腾讯会议等平台，对于万元以上的高客单价产品，其效果远远超过了直播间。

但是，对于公开课而言，想要吸引并留住观众，需要有足够长的时间筹备。比如，可能需要一个月的时间来筹备一次公开课。

所以，要想提高成交率和客户体验，可以充分结合公开课和直播的优势。公开课的私密性和专属感可以通过直播投屏的形式得到增强，同时直播的高流量特性也可以为公开课带来更多的观众。

通过公开课成交的建议

关于如何通过公开课实现成交，我有以下几条建议：

1. 公开课的内容设计很重要

在筹备公开课时，内容的深度和广度至关重要。比如，我们做一场公开课的PPT就有200多页，这样可以展现出我们的诚意。缺乏诚意的内容，很难说服客户。尤其是那些高客单价产品，更是如此。

2. 没有随意的成功，只有用心准备的结果

一场成功的公开课需要提前对技术设备进行测试和调整，包括直播间的设置、腾讯会议的配置、投屏操作、人像画中画的设置以及产品链接的

上架等。如果没有提前做好这些准备，可能导致公开课时状况百出，影响客户的体验。因此，我们不管做什么活动，都要用心准备。没有随意的成功，只有用心准备的结果。

3. 提前做好客户调研

在公开课之前，应该做好客户需求的调研，了解自己的目标客户，并据此制订相应的福利和策略。酒香也怕巷子深，即使内容再优秀，也需要经营客户，做好调研和下单设计。

因为客户在下单时，会受很多因素的影响，比如稀缺的福利、限时的名额等。如果没有这些策略，客户在下单时可能会犹豫不决。因此，应该做好下单设计，激发客户的兴趣，从而促进成交。

4. 做好连麦助攻

经过实践，有连麦助攻的公开课比没有连麦助攻的营收高出70%左右。所以，提前与连麦嘉宾沟通，可以确保公开课内容、下单策略、设备调试、社群维护等方面都准备充分，这是提高成交率的关键。

以社群为例，社群是做高客单价产品必备的"容器"。通过长期维护和培养，可以建立起稳定的基础社群。我目前已经建了100～200个社群，即使不依赖外部力量，也能保证有2000人参与我的发售活动。

公开课如何设计成交流程?

在设计公开课成交流程时，大家需要注意以下几点。

1. 内容要有深度

在公开课的前两个小时，尤其是最初的一个多小时，应该重点提高干货内容的质量。因为客户已经为课程付了费或者特别预留时间来听，他们期待获得更高价值的内容，所以干货内容一定要有深度。

2. 干货比重要大

客户对课程有较高的期待，需要与客户深度交流，来增加他们对课程的体验感和收获感，因此，干货比重一定要大。特别对于新 IP 而言，第一天应该提供更多的干货，来增强客户的满意度和收获感。

比如，在一场收费的公开课中，我连续分享了 3 天的干货，课程的上半场分享干货，下半场由连麦嘉宾继续分享干货。这样的安排，会让客户感到所付费用物超所值，从而为后续的升单打下基础。

在这个过程中，付费公开课对于干货内容的设计要求更高，对社群运营的要求也更高一些。为此，我们设立了专属社群运营，并引入打卡机制和复盘机制，来提高客户的参与度和互动性。

而免费公开课的客户则不太愿意复盘，他们的参与度和配合度明显不如付费公开课的客户高。

公开课是对个人的成功案例或者实战经验的总结和分享。如果分享的内容质量高，客户感受到诚意，就会下单。

公开课批量成单的流程	重点概括
立规则	让客户遵守我们的活动规则
破认知	打破客户原有的认知
高价介绍	让客户耳目一新的观点
提价值	让客户感受到你的价值
占心智	不要卖产品而要占心智
排抗拒	提前解决客户存在的问题
速成交	给客户一个超值的福利
暖心时刻	让你的公开课更加有温度

表3　如何设计成交流程？

线下销讲成交的策略

线下销讲的演变

　　早期成功学的线下课与现在的直播很相似，他们通常会邀请多位知名讲师，举办大型讲座活动。每位讲师上半场负责分享内容，下半场负责产品销售。

　　但由于这类活动已有近十年的时间，客户在经历了多次类似活动后，对于线下活动的热情有所减退。因为，客户花费几千元参加三四天的线下活动，连续三四天被推销产品，体验感会逐渐变差，导致客户对参加此类线下活动的兴趣逐渐降低。因此，为了吸引客户，线下活动一定要提供高价值服务，以确保客户获得深度的体验，这是一次非常好的与客户深度接触的机会。

　　我们在做线下活动时，即使只有十几个人，我们也有信心实现百万元级别的业绩，因为我们有超值的高客单交付体系和后端完整的解决方案。

　　与线上课程相比，线下活动有一个非常好的场景，叫"深度交付"。所以在未来，线下活动更适合做深度体验和高客单价产品的升单。

　　比如，价值5万元、10万元、50万元，甚至100万元的产品，可以通过线下活动来升单。因为对于10万元以下的产品和服务，可以通过线上顾问式签单完成。但当价格达到10万元这个临界点时，客户的决策成本就会显著提高。他在线上听完课程后，直接购买 10 万元以上的客单价产品的难度很大。但在线下，因为有深度交付，并且能够完全展现你和团队的形象，因此更容易促成后端的升单。

所以，**做线下活动时，大家不要拼规模，而要拼深度体验。**理解这一逻辑后，我们会发现"线上＋线下"才是完美的王炸组合。线上活动可以进行大规模推广，而线下活动则专注于深度体验和高客单价产品的推广。

以一个 500 万元的业绩模型为例，线上活动可以实现 200 万元的业绩，线下活动可以实现 300 万元的业绩，两者合在一起达到 500 万元。这意味着，一个 IP 在半年时间内通过一场活动就可以实现 500 万元的业绩，一年举办两场活动就可以实现 1000 万元的业绩。

线下销讲难在哪儿？

线下销讲主要有以下几个难点：

难点一，内容缺乏吸引力。

我们设计的内容过于宽泛，或者讲的内容缺乏吸引力，导致客户对我们讲的内容失去兴趣。

线下销讲应该基于"干货给到位"的原则。因此，我们应该以真诚的态度，确保干货内容讲得到位，完全不用担心客户学会，而应担心他们学不会。因为客户带着诚意参加线下活动，需要付出时间、金钱和精力等，所以我们应该致力于做好交付，这样更容易升单。

通过这种方式，即使有销售行为，客户也会因为感受到我们的干货给得到位、诚意给得足，对我们产生信任，而更愿意进行后续的付费。

难点二，线下销讲不自然，缺乏成交意愿。

由于线下销讲 30% 是现场呈现，70% 依赖前期的准备，包括 PPT 制作、场地布置、小组分配、宣传材料、后端销售策略、赠品设计等。

如果这些准备工作没有做好，线下销讲的成交就会变得很难。

2021 年，我们为女性头部商业 IP 进行线下销讲设计，我们没有要求 IP 本人亲自出场，而是让 IP 的讲师团队来讲课。尽管在第一天课程结束之后，客户在从低客单价向高客单价过渡过程中可能会有所流失，但第二天课程的出席率仍保持在 95% 以上。

当时，我们主要做了以下几点：

第一点，课程一定要有干货，让客户感受到价值。干货主要来自高客单价、超客单价的内容。

这里，我们先做了讲师培训，确保课件设计完善。比如，课程内容涵盖女性如何体现商业能力，以及如何掌握流量和社群。我们在每个环节中都精心设计了课程内容，确保后端能够提供完整的解决方案。我们将为期两天的线下课程浓缩、提炼，确保每个环节都能萃取出高质量的内容进行交付。

具体来说，我们采用了多种课程模型设计，包括浓缩型和专题型。浓缩型旨在将课程内容精简至最核心的部分；而专题型设计则专注于深入探讨特定主题，如直播技巧。在直播课程中，我们提供了详尽的指导，覆盖直播领域的核心问题。

客户在每个学习环节都有机会进行实践检验，但这些检验可能不足以全面掌握课程内容。为了满足客户更深入学习的需求，我们提供了一对一的陪跑服务，包括百万级全案操盘，旨在为客户提供针对性的指导和支持。

由于时间有限，我们把每个篇章的精华都摘取出来进行了讲解。客户在听完课程后，如果希望获得更全面的指导，那可能需要为期一年的陪跑服务，或者我们专门提供一次为期五天的方案设计课程。这样，客户能够根据自身需求选择升级课程。

第二点，提前准备物料。我们在线下的会务设计时，提前准备了物料，如案例、海报、宣传板、横幅等，来增强现场体验。

第三点，定位很重要。线下课程的成功取决于你的定位是否清晰，因此要充分展现我们的定位，让客户牢记在心。

第四点，会场设计很重要。整个会场，有以下几个设计：

（1）酒店选址。我做线下课时，亲自选择了酒店，因为每个IP都有自己的能量场。比如郑州的酒店，会偏中式风；厦门、长沙的酒店，会偏网红风。

（2）物料准备。我们在会场现场准备了一些惊喜。因为不同城市的调性不同，我们会根据城市准备不同的惊喜。比如到长沙，我们会送网红品牌茶饮和零食。

（3）服务质量。我们要求助教提供高质量的服务，以确保客户有好的体验。假如客户从一个陌生城市来参加线下课，如果没有助教服务，他可能找不到酒店，导致体验感变差。

（4）主持人的互动。 现场的主持人进行了恰当的互动，来调动气氛。主持人不能激进，否则整个会场可能出问题。

（5）课程时间安排。 课程时间的设计也很详细，包括上场时间、下场时间、休息时间、现场升单的节点等。

第五点，舞台感召是把"双刃剑"。 舞台感召是一种强有力的销售手段。在现场升单时，很多人都会选择这种手段，在舞台上公开销售自己的产品，让客户上台来交钱。

成功学最早就经常使用舞台感召，但现在很多客户对舞台感召比较敏感和警惕，如果使用不当，可能会引起客户的反感，影响品牌形象。

因此，是否要使用舞台感召，需要考虑 IP 的风格。

一些 IP 讲话柔和，不喜欢舞台感召，可以通过密室、VIP 沟通室的方式来升单，这会让 IP 和客户都感到舒服。

一些 IP 具有很强的感召力，喜欢舞台感召，客户也不反感，就可以使用舞台感召。

因此，舞台感召是一把"双刃剑"，用好了能加分，用不好伤口碑。

练就演讲能力

为了线下销讲取得成功并吸引客户，有以下几点建议：

1. 提升讲课能力

在线下销讲过程中，能否吸引客户是成功的关键，所以需要通过大量练习来提升自己的讲课能力。

如果 IP 讲课的内容缺乏吸引力，客户体验差，升单就会变得比较困难。所以，提前准备 PPT、演讲大纲和案例故事是很有必要的。

2. 增强互动性

在讲课过程中，互动是活跃现场气氛的关键。然而，很多 IP 不会互动，导致现场氛围沉闷。在这种情况下，可以通过小组竞赛的方式来增加互动。

但有一些 IP 过于激进，与客户互动时间过长，导致干货内容不足，使客户的获得感降低。因此，互动的分寸也要掌握好。

3. 增强舞台质感

可以在家中对着镜子练习，关注自己的手势、眼睛、表情、互动、穿搭等，来增强舞台质感。

4. 调整好会场

线下课程的整体氛围，包括空调温度、门的开关、人员的走动等，都会对客户的体验产生影响。因此，一定要调整好会场，让客户能静下心来听讲，使课程更加顺利地进行。

如果想刻意练习演讲能力，可以参考以下方法：

第一，付费学习。

我曾经向许多老师付费，学习他们的能力和体系。

第二，做课程的结构拆解。

在做线下课时，可以做一些结构拆解，先讲什么，后讲什么。比如，先破冰，再自我介绍，再讲主题，再讲干货，再讲细节，最后做总结。

第三，大量练习。

可以找一个地方，比如海边，把准备好的大纲拿出来，对着大海演讲，来练习台风和讲话能力。

第四，反复听录音。

演讲完之后，反复听自己的录音，分析自己讲课的节奏以及质感。

另外，线下销售要想促成成交，大家要做到以下几点：

第一，确保内容质量高，让客户充分体验到产品或服务的价值。

第二，准备充分的案例，增强客户的信任感和购买意愿。

第三，设计很有诚意的升单方案，包括价格和策略，以促进客户的转化。这需要将方案和促单策略完美地融合在一起。

线下课的成交，不仅取决于演讲的内容，还在于整个课程的设计。因此，从客户进来听课开始，就应该设计好整体的体验环节，以呈现综合性的课程效果。

关键成交点

为了成功地在线下课中植入高客单价产品，以下是几个关键成交点：

第一，客户画像分析。

在确定产品定价和方案设计后，进行客户画像分析，有助于预测潜在的成交数量，从而为销售活动提供指导。

第二，精准定位客户。

通过进行客户分析，可以锁定那些最有可能购买高客单价产品的客户。了解他们的定位、产品、营收规模等，有助于实现精准沟通，避免浪费时间。

第三，产品植入。

在销讲中，不要刻意强调产品，而是将产品自然植入课程内容中，使客户在不知不觉中对产品产生兴趣。

第四，VIP 沟通。

对于有意向的客户，应该提供专门的 VIP 沟通服务，以确保沟通的质量和客户的舒适感。这种沟通有以下两种形式：

第一种，线下安排顾问与客户进行深入交流，了解他们的问题和需求。

第二种，在更小的范围内，让客户与 IP 直接沟通，由 IP 进行答疑，了解客户问题和意向度。

如果客户现场沟通完后，有购买意向，可以请他直接支付定金，然后审核，完成订单。这样的会销模式既舒适又高效。

　　线下销讲的成功，不是仅依赖于单个环节，而是依靠整个活动的设计。从一开始就要精心设计，以确保最后的成功。最后，大家不妨思考一下，你在参加线下课时，是什么因素促使你主动升单的？

不销而销的 线下销讲流程	重点概括
会布局	线下的会务布局很关键
造氛围	主持人助教和后勤联动营造好的 学习或招商氛围
树价值	让客户感受到价值
讲案例	案例是最有说服力的存在
超预期	让客户现场有超值感
占高位	占领客户的心智高位
触达点	给客户一个靠近咨询的通道
拿成果	根据客户情况来匹配升单方案
峰体验	现场给客户一个美好的收尾体验

表 4　关键成交点

密室成交的策略

为什么要做密室成交?

密室成交是一个对有意向的客户进行筛选再进行升单的过程,它主要有以下两个优势:

第一,增强客户的安全感。

通过密室成交,可以给那些纯粹为了听课而来的客户提供一个不受打扰的环境,以免他们感到不适或被冒犯。这样的人可能对后端产品没有任何意向,因此将他们放在密室成交最合适。

第二,营造更好的专属感。

在密室成交的环境里,IP 有更多的操作空间。这使得升单策略更加灵活,有助于提升高客单价产品的成交率,并为客户带来更好的体验感。

密室成交适用于以下两种场景:

第一种场景,线下课。 我在 2024 年 10 月份的线下课程中,在中午开了一个专场,邀请一些有意向的客户参与。在这次活动中,我讲解得很透彻,并与客户进行了积极的互动,全场五六十人,最后有一半的客户升单,成交率很高。

第二种场景，专属群组或线上 VIP 沟通室。 在线上，可以为有意向的客户创建专属群组或 VIP 沟通室。

我曾开过一次线下课，在课程快结束时，我对客户们说，如果你们想更进一步了解我的课程，可以单独来找我。课程结束后，有十几个人来找我。我就到更小范围的房间或者会议室为他们讲解，之后有 8 人成交。

在密室成交过程中，客户可以提出他们对于后端课程或方案的疑问，你则进行精准地答疑解惑。

这种答疑解惑通常进行约一个小时，之后客户的问题得到解决，他们对你的方案的认可度也会提高。

如果在答疑之后，客户认为你提供的方案能满足他们的需求，他们可能会选择下单。

因为从本质上讲，高客单客户的疑问都是个性化疑问，而其中又存在共性问题。在答疑结束后，客户可以现场支付意向金，之后进行审核，审核通过后补全余款，这是密室成交的逻辑。

为了找到有意向的客户，可以采取以下操作：

第一，二次筛选。

在群组中进行二次筛选，要求有意向加入的客户提交申请，说明他们参加的原因。如果申请写得不认真或不耐烦，我们可能不会通过。

第二，线上社群互动。

申请通过后，大家进入线上社群，我们开始深入讲解和更深层次的互动，来了解客户更进一步的需求，以及产品哪些点更能打动他们。在这个环境中，通过更好的内容设计、筛选、互动和深层次的交流，可以提高客户的升单率。

综上所述，密室成交是一种有效的销售策略，它通过提供个性化的答疑和深入的互动，来提高高客单价产品的成交率。

密室成交与一对一成交的区别

密室成交与一对一成交存在显著差异，具体如下：

一对一成交，适用于那些有较多疑问且需要个性化回答以及重视隐私的客户。它通常需要讲师具备很强的专业能力和客户对于讲师的认可度，以实现一对一地解决问题，并确认后期的合作意向。

密室成交，适合一对多高效率的 IP 本人。如果非 IP 本人，顾问式沟通可能更为合适。另外，密室成交的场域非常稀缺且具有信任感，进入密室的人通常都是有一定意向的人群，所以密室的升单率较高。

当然，无论是一对一还是一对多，都有可能出现结果差，升单率低。从本质上讲，这与 IP 或者讲师的操作技巧有关。如果 IP 不擅长做密室沟通且不愿意突破，那么顾问式沟通可能更为适合。所以，做密室成交，需要根据 IP 的特性和风格进行适配。

在我所见过的一些成功的密室成交案例中，前期提问和沟通居多。他们会先了解客户的需求和意向，然后才做进一步的推进，而不是一开始就急于成交。这是因为密室成交与公开课不同，它更侧重于与客户的深层次沟通。所以，我们要创造一个环境，让客户愿意表达，并建立信任。只有这样，密室成交的效率，才能得到显著提升。

密室成交的注意事项

在密室成交时，需要注意以下几点：

第一，因为这不是一个讲授干货的专场，而是用来进行意向沟通的专场，所以我们应该将焦点从讲干货转移到与客户沟通意向上。并且，在这个过程中，应该提升与客户交流的频次，提前解决问题。这样，一些客户可能会产生升单意向，使得成交过程变得更加容易和顺畅。

第二，在客户提出问题之后，我们需要判断他们有没有进一步的购买意向。

第三，作为密室成交的发起人，我们需要学会引导或者控制节奏，确保整个过程能够顺畅地进行。

第四，在这个过程中，我们需要配备销售顾问，以便在直接现场处理订单。

第五，提供个性化答疑服务。在公开的问题和答疑环节之后，客户如果有剩余的问题，可以与我们的销售助手进行具体沟通。

通常情况下，密室成交是直接升单。个别客户出现个性化问题，可以安排销售顾问进行一对一答疑和升单。

另外，在设计密室内容时，以下几点也需要注意。

第一，内容深度。

在密室环境中，内容设计应该比公开场域更为深刻。这种深度不仅体现在知识分享上，还体现在互动品质上。在这个场域中，客户期待与老师进行更深入的互动。因此，提供这样的机会可以增加客户的参与度和满意度。

第二，现场体验。

在密室成交中，提供"爽感"至关重要。比如，我能够提供一套相应的模板，指导客户现场直接生成朋友圈文案，客户可以立即感受到课程的实用性和价值。这种"爽感"有助于消除客户对购买决策的疑虑，因为他们能在这个场域中直观地看到课程的实际效果。

第三，下单策略。

为鼓励客户在密室环境中下单，可以设计具有吸引力的策略。比如，可以为在 VIP 场域下单的客户提供 VIP 待遇，如提供一次价值 1 万元的专场答疑服务。通过设置限量和限额，以及提供稀缺福利，就可以激发客户的购买欲望。比如，可以限定只有前十名下单的客户能够享受这一福利，这样的策略往往能够助力客户下单。

密室成交的对象和流程关键点

绝大多数 IP 都适合采用密室成交策略，前提是他们拥有超高客单价产品。如果没有超高客单价产品，进行密室成交可能就不适合了。就好像在线下课程中，如果没有做好后端产品的设计，可能会导致客户很认可但没有可付费的产品，从而限制了成交的可能性。

此外，密室成交在不同行业中，操作的方式也会有区别。比如，与企业老板沟通时，应该更直接、高效；与女性群体沟通时，则更需要关注她们的感受和体验。

另外，不同行业的特点要求我们在称谓、仪式体验和布置环境等方面做出相应的调整。

如果把密室成交放在线下课程中，一般建议选择在客户充分体验产品之后。比如，在为期三天的活动中，建议在第二天中午或晚上进行；在为期两天的活动中，建议在第一天晚上或第二天中午进行，第一天中午不合适，因为客户可能还未充分体验产品。

关于密室成交的 SOP，还有几个关键点，需要引起我们足够的注意：

第一，客户画像分析。

在活动开始前，进行深入的客户画像分析是基本要素，这有助于了解参与者的需求和期望。

第二，客户引导。

在活动中，要有一套明确的客户引导流程。因为客户有时很分散，有人提了一个问题之后，还会问一些其他问题。所以，主持人需要引导客户了解整场活动的流程和规则。

第三，收款准备。

必须准备好收款环节，为客户提供便捷的付款方式，以免因付款失败影响客户体验。

做好密室成交的原则

在密室成交时，有几个关键原则：

第一，严格筛选。

并非所有的潜在客户都适合参与密室成交，只有那些符合特定门槛的客户才应被允许进入。比如，你的产品定价为 50 万元，如果有人没有这个支付能力，他进了密室也是浪费时间。

在线上，需要对参与者进行筛选；在线下，则需要在活动之前沟通好参与标准，如收入水平等。大多数客户会基于这个标准自我筛选，以确保双方时间的有效利用。

第二，诚恳沟通。

在密室成交过程中，应避免使用套路，而是诚恳地与客户沟通。成交逻辑应以帮助客户为主，明确表达出希望协助客户的意愿。同时，也要坦诚地讨论方案是否适合客户，这需要双方进行诚恳的沟通。高客单价的成交，属于半合作性质且涉及一些大客户。因此，真诚且有诚意的解决方案，是最有力的"武器"。

第三，精准答疑。

在答疑时，应充分了解客户问题，包括客户的定位、产品设计等，并确保讲解清晰。讲解完之后，应让客户反馈我们提供的设计方案是否适合他们，而不是过度成交。

第四，现场确定。

当客户表现出购买意向时，应鼓励他们现场支付定金，代表他们的意向落地。如果客户没有在现场支付，他们回去后可能会犹豫不决。因此，通过支付定金的方式，可以将客户的意向转化为具体的行动。

密室成交，会是未来 95% 乃至 99% 的人实现超高客单价成交的必经之路。最后，大家不妨思考一下，你在什么情况下，愿意向别人支付超高客单价？

发售成交的策略

发售，是通过发起一个大的活动事件，集中意向客户，利用连麦的杠杆实现批量成交的过程。发售的概念，很早以前就在其他行业出现了。比如，在实体门店，百店联动销售，实际上就是一种批量发售的形式。而在线上，像乔布斯和雷军等知名人士所采用的产品发布策略，本质上与发售很类似，只是他们主要聚焦于新品的推广和发售。

这种策略在多个行业中均有应用，并且已经成为主流的销售模式。

在视频号上，高客单价的成交几乎都是以发售为主。通过这一策略，IP 可以对所有的产品进行批量成交，无论产品是万元级的还是千元级的。

为什么要做批量发售？

批量发售除了提升业绩之外，更重要的是能够显著提升 IP 的势能。通过批量发售，IP 能够直接上一个台阶。在发售期间，随着更多人加入社群，粉丝群体就会感受到 IP 的强大势能，从而认为他具有较高的影响力。

第一，从众效应。

当看到有 1 万人进群时，即使是原本不感兴趣的人，也可能进群满足一下好奇心。

第二，长尾效应。

在大型活动之后，往往会吸引更多有潜力的人寻求长期合作，因为他们看到 IP 的势能之后，会提高对其的信任度。

第三，工作回顾和总结。

批量发售相当于对过去一年的工作做一个回顾和总结。它能够检验一年来的粉丝增长、粉丝积累、客户黏性、交付口碑，以及案例打磨的效果。所以，批量发售是一次大型考核，这一年来的工作成效，业绩会呈现出来。

适合做批量发售的人

并非所有人都适合做批量发售。适合做批量发售的人，往往具备这几个特点：

1. 拥有成功案例的人

做发售一定要有案例，没有案例的人做批量发售可能会相对困难，其成交率会相对较低，说服力较弱。

2. 有私域基础的人

批量发售的本质，是通过私域进行触达，然后裂变进群。如果私域基础较强，则更适合做批量发售。一般我们操盘发售，需要 8000 人以上的私域基础。

如果私域粉丝低于 8000 人且客户黏性不强，就不建议做批量发售，可以专注于交互和口碑积累。除非私域都是高精准的高客单价客户且客户黏性强。比如我就是在私域有 4000 人时做发售，实现了数百万的营收。

3. 有利他性人格的 IP

这类 IP 用做批量发售时，能够邀请更多嘉宾参与连麦。如果你愿意帮助别人，在关键时刻更容易得到别人的帮助。如果在发售时，无法邀请到嘉宾，那发售的结果大概率不会太理想。

发售的前提条件

不同的 IP 用同样的流程做发售，发售的效果可能会天差地别，有的人发售能迅速卖爆，有的人发售却无人问津。为了确保发售取得良好的结果，需要满足几个前提条件：

第一，充分的铺垫与预热。

在批量发售前，必须进行充分的市场预热和铺垫，以激发潜在客户的购买兴趣。

第二，进群人数的基本面。

进群人数与发售业绩之间存在正相关关系。如果目标是百万元的业绩，就需要 5000 ~ 1 万人进群；如果目标是两三百万的业绩，就需要 1 万 ~ 2 万人进群；如果目标是四五百万的业绩，就需要 2 万 ~ 4 万人进群。

第三，发售主题与内容设计。

发售主题和内容设计与发售结果也是正相关的关系。一个吸引人的主题和精心设计的内容能够显著提升发售的成功率。

第四，产品设计。

发售的产品设计与发售结果也是正相关关系。我曾见过很多 IP 因后端产品没有设计好，加上进群人数不足就盲目做发售，导致最终的结果不太理想。

很多发售做得一般或不好的 IP，是因为在进群人数、内容设计、产品设计、销售策略、连麦嘉宾选择以及发售选题等方面的失误而对发售结果产生了不好的影响。

直播间成交和线上公开课成交，相当于一种连环策略。比如，在做一场公开课时，可以融入一定的发售方法。有时，直播可以作为发售的一部分，而直播间成交则是发售成交的一部分。发售相当于将一段时间内的意向客户集中提升，然后批量进行转化。

相比之下，平常的公开课和直播间销售低客单价产品，可能一个月或半个月集中释放一次。而发售的规模很大，有些人甚至一年只做一次超大规模的发售，把所有的私域流量、裂变效应和渠道资源，全部整合到这一次活动中，然后通过大型事件，集中所有流量进行变现。

做发售的注意事项

在做发售时，需要注意以下几点：

1. 积累

积累非常重要，包括私域积累、口碑积累、案例积累以及与嘉宾之间互动的积累。如果没有这些积累，做发售可能就会举步维艰。

比如，客户是否愿意转发你的宣传材料、发售信或海报，以及是否有赠品，都是影响因素。

2. 产品设计

在做发售时，产品设计必须精心策划。如果产品设计没有做好，可能会导致客户听完内容后很兴奋，但在了解产品后却变得很冷静。所以，必须洞察客户当下的认知和需求。

比如，2024 年我们做商业 IP 时，以闭门分享为主，2025 年如果再用这种模式，就很难吸引客户，因为客户已经经过了多轮产品的冲击。所以，2025 年我做发售，更多地采用以实战为主的产品，因为这样的产品更能满足客户的购买意愿。

3. 连麦嘉宾的选择

在发售中，连麦嘉宾的选择至关重要。

比如，在操盘裂变式家庭教育项目时，如果连麦对象是商业 IP，成单率可能会很低。这不是因为连麦 IP 商业讲得不好，而是因为家长对此没有需求。

所以，我们应根据不同行业的特性和 IP 的属性，选择合适的嘉宾进行连麦。

4. 进群量 + 社群运营

社群运营能带来 20% ～ 30% 的增量。如果运营得好，直播间的参与人数会有显著增加，这将直接影响发售结果。在线人数和进群量，是最关键的两个指标。

基本上可以通过在线人数来预测活动的业绩指标。比如，如果在线人数在 100 ～ 200 人，营收可能达到几十万；如果人数在 200 ～ 400 人，营收可能达到百万级；如果人数在 400 ～ 800 人，营收可能达到几百万。

因此，好的发售结果离不开关键数据指标的达成。

建立自己批量发售的 SOP

在进行批量发售时，制定一套标准的 SOP 至关重要。但鉴于 SOP 涉及的内容繁多，一般需要团队协作来完成。比如，首先需要构建一个总体的 SOP 框架，涵盖整个发售的统筹、社群、朋友圈、连麦、直播间、公开课等各个环节。一场成功的发售可能涉及 20 个以上的 SOP，这些 SOP 包含了大量的沟通细节。

下面是精选的 10 个 SOP 的简图。

发售的各项SOP	重点提示
立项期的SOP	IP定位/产品/市场竞争力/私域盘点案例/好评/金句/图文视频素材
筹备期的SOP	账号养号/朋友圈预热/团队分工/发售品确定/连麦嘉宾沟通公开课主题/直播预约/短视频预热等学习或招商氛围
裂变期的SOP	裂变预告—选拔裂变统筹—招募裂变人员—战队分组—早会赋能—每日会议—裂变奖项兑换—裂变表彰会
预热期的SOP	朋友圈倒计时—社群预告—直播预告—短视频预告—各个社群分享加热
预售期的SOP	预售主题—预售发布—预售社群管理—预售讲解—预售招募—复盘总结
发售期的SOP	直播分享—连麦成单—社群同步—朋友圈造势—私聊提醒—发售复盘
追销期的SOP	追销主题—追销策略—追销连麦—追销复盘会
社群类的SOP	社群公告—社群提醒—社群同步—社群管理—社群"种草"—社群转化—社群维护
直播的SOP	直播预告—直播预约—直播互动—直播转发—直播复盘
朋友圈的SOP	生活圈—社交圈—案例圈—口碑圈—预热圈—报名圈—认知圈

表 5　建立批量发售的 SOP

对于想要实现批量成交的团队，我的建议是：

第一，选择合适的 IP。

发售是一个放大的过程，它将 IP 的势能、案例、口碑和粉丝黏性做一次整体的释放。这并非从 0 到 1 的转变，而是从 1 到 100 的扩展。如果 IP 的基础好，那么其势能已经决定了 70% 以上的结果。

第二，充分的准备。

成功的发售，离不开大量运营细节。比如，我们为"王姐升学规划"做裂变发售时，团队每天都会进行早会赋能并实时公布打榜结果；每天的奖品兑现，也会根据需求进行。所以，做发售需要团队成员每天深入一线，与 IP 和团队及时沟通。

第三，不完全依赖 SOP。

无论 SOP 有多么完善，发售中总会出现意想不到的问题。计划赶不上变化，40% ～ 50% 的问题可能与预期不同。

发售是一个动态的过程，每次的情况都可能不一样，而且每个 IP 属性也不尽相同。比如，和 IP 沟通，IP 认为他的渠道很强大，但在实际中，发现渠道根本一动不动。所以，发售不能完全依赖 SOP，需要结合实际情况做调整。

第四，IP 的参与。

发售，不仅是发售团队的工作，也需要 IP 的积极参与。这件事情无法离开 IP 完成，因为 IP 是发售的灵魂人物，需要 IP 的大量配合，发售才能取得好的结果。

第五，及时开复盘会议。

发售过程很辛苦，因为每天都要进行复盘会议。不复盘，很多问题可能会被忽略，从而影响整体的发售结果。

另外，想要快速做一对多发售高客单价产品，建议与专业团队合作。因为这是一个颗粒度特别细的过程，单纯听课可能难以掌握，需要找专业团队打配合。所以，选择一个与 IP 调性相匹配的专业团队来操盘是非常重要的。

这里，给大家几个评估团队是否靠谱的小技巧：

第一个，检查团队是否有成功案例。如果是全新团队，要看对方是否真正懂发售的底层逻辑、流程以及配套的团队。

第二个，发售团队是否发售过自己的产品。最好选择那些曾经发售过自己的产品且有成功案例的团队，这样的团队经过了双重验证。

第三个，发售团队工作扎不扎实。这个可以通过团队的 SOP，或者提供的话术来评估。

第四个，观察发售团队对哪个方面更重视，是推广还是建立声誉。案例型的 IP 通常更注重实际效果，因为他们希望把这份事业做好、做久。

第五个，了解团队一个月内承接的发售数量，可以评估他们对项目的重视程度。

发售是一场大型考试，是一次零存整取，因此日常积累很关键。读完这篇文章的内容后，大家不妨思考一下，你认为自己在发售方面还缺少哪些积累？

一对多饭局成交的策略

饭局作为一种社交活动，不仅能够促进人际关系的建立，同时也是一个很好的批量"种草"机会。

在这种轻松愉快的氛围中，通过巧妙的"种草"，可以有效地激发潜在客户的兴趣，进而促成成交，实现升单。

饭局成交的意义

饭局成交的意义，有以下几点。

1.IP 本身要利用话题点来升维

直接推销产品或强行表达个人观点，可能会引起现场饭局中人们的反感。但如果能够巧妙地将话题点引导至自己的专业领域，比如大家在聊如何做发售时，我就可以分享自己的经验和见解。这样可以让在场的人感受到，做发售是一个专业且复杂的工作。

2. 识别并激发潜在客户的兴趣

在"种草"时，应根据现场的反应来识别出那些对产品或服务有更进一步意向的人。

在此基础上，可以与这些有意向的客户进行更深入的沟通，帮助他们进行一次梳理。如果对方表现出强烈的购买意向，我们就可以直接现场收取诚意金，来锁定下一步的交易，或者预约下一次的沟通。

因为能参加饭局的人，势能和状态往往处于相似的水平。针对这种超高客单价客户，提供多次增值服务，有助于让对方识别并确认你是一个值得信赖的合作伙伴。

对于超高客单价客户或高客单价客户而言，最大的成本是筛选成本，即决定选择谁来合作赋能他们的业务。当客户与你沟通四次之后，他们已经在你身上投入了时间，这种时间成本可能会提高他们的升单率。

所以，饭局成交实际上是一种顾问式沟通，也是一对一深度交互和升单的策略。在饭局中，如果能有效引导话题，成功"种草"，并进行一次梳理和沟通，那么升单率会显著提升。

3. 借用"神来之笔"

饭局是一个天然的"种草"之地，要做得高级、舒服，就要学会借用"神来之笔"，利用他人提出的问题来展示自己的专业能力。

4. 创造话题，增加对 IP 的认知

饭局考验 IP 的认知。因为所有的话题都可以跟自己的专业有关。任何专业到后面都是一通百通，这涉及你对专业的认知深度。通过深入理解自己的行业和专业，可以将话题引导至自己的主场，从而在任何讨论中都能够展示自己的专业见解和能力。

如果 IP 的核心业务是出版，那么在讨论任何与出版相关的话题时，他都可以分享自己对出版行业的理解。通过这种方式，可以将自己的业务从单纯的出版扩展到更广泛的价值传播和社交名片等领域。

所以，IP 在饭局中的成功推广，取决于对话题的深刻理解和对自我业务的深入认知。通过巧妙地引导话题和展示专业知识，可以有效地提升 IP 的形象，并增加销售机会。

饭局成交的阻碍

在饭局上，IP 的推广和销售通常面临以下几个阻碍：

1. 话题迁移的艺术

在饭局上，能否将话题巧妙地迁移至自己的专业领域，是衡量个人表达能力的重要标准。

在进行话题迁移时，应充分考虑场景和饭局发起人以及与会者的感受，

采用多元思维，避免单方面强调自己的优势，以免给与会者留下攻击性或推销性的印象。可以通过练习，如在饭局中恰当地分享个人经验，来提升这一技能。

2. 吸引而非硬销

迁移之后，应避免直接推销产品，而是用一种更高级的方式去"种草"，吸引他人的兴趣。比如，可以分享个人的专业见解或经验，让与会者自然地对你产生兴趣，从而主动寻求进一步的交流。所以，吸引大于主动推销产品，要让客户感受到你的专业性。

3. 跟进与维护兴趣

在成功引起他人兴趣后，及时跟进和维护是关键。如果不跟进，那些有意向的客户，可能会逐渐变得没有意向，因为人的热度和需求是有限的。在饭局上，可以提出在适当的时间帮助对方进行需求梳理，以确定是否适合进一步合作。

4. 尊重主场 IP

如果饭局是别人组织的，要充分尊重主场 IP 的感受，避免抢别人风头，给人留下推销的印象。

比如，每次把话题迁移到自己的专业领域时，应巧妙地将主场 IP 引入讨论，以显示对他的尊重。

饭局成交的关键要素

在饭局上成交时，有几个关键要素，我们需要格外注意：

1. 以"种草"为主，有意识地"种草"

在饭局中，推广应自然而不要刻意，找到合适的时机进行话题迁移。饭局本质上是一种舒适的社交行为，所以应该在这种轻松的氛围中完成"种草"，激发大家对你或你的产品的兴趣后再进行转场，而不是直接推销。

在饭局里，重要的是让所有人感到舒适，"种草"这件事，哪怕是介绍别人的产品，也应以夸赞的方式进行，这样可以提供给他人情绪价值，而不是给人一种推销的感觉。

可以采用托举式"种草"，即以一种提升他人地位的方式进行"种草"，这比打压式或者提建议式"种草"更为有效。当大家感受到自己被尊重和提升时，他们会更愉悦且更愿意接受你的观点和推荐。

2. 尊重饭局的发起者和参与者

在饭局中，要照顾到嘉宾、饭局发起人以及参与者的感受。

在饭局上介绍别人的产品时，一定要提升对方形象，而不是贬低对方来突出自己。通过这样的话术，对方会觉得你是在夸他，而不是单纯的推销。

3. 不是每个人都要成交

在饭局中，不是每个人都要成交。对于那些表现出明显意向的人，可以通过邀约或进一步沟通来转场深化关系。对于那些没有需求的人，则无须强行推销，保持礼貌和尊重即可。这样，就可以把饭局社交升级成无形的饭局"种草"。

真正的成交无处不在，最重要的是要创造一个让所有人都感到舒适和愉快的环境，让"种草"和成交成为自然而然的过程。

沙龙成交的关键策略

销售活动可以通过多种方式进行，每种方式都有其特定的应用场景和效果。

发售是一种周期性的销售活动，通常以年度或半年为周期进行规划，旨在通过集中的推广活动来实现销售目标。

沙龙则是一种更为频繁和稳定的客户获取方式，一般以周为单位进行。通过定期举办沙龙，可以持续吸引客户。在沙龙中，可以针对不同客户的需求和痛点，邀请不同的老师进行主题分享，从而提供针对性的解决方案。

比如，对于擅长做全国连锁公司的品牌，不可能靠一位老师进行培训和指导，而是要批量培养老师团队，以便在不同地区同时开展沙龙活动，然后进行升单。这种模式，有助于提升销售业绩，因为它能够覆盖更广泛的潜在客户群体，并为他们提供定制化的服务。

沙龙成交的特点

沙龙活动通常邀请 15～30 位有意向的客户参与。这种小规模的活动旨在提供一个既包含产品体验又包含升单的活动。

这类客户群体，可能没有足够的时间参加长时间的课程，他们需要快速了解产品、识别产品价值，并迅速推进到下一步的合作。对于高客单价产品，沙龙提供了深入体验的机会。

比如，当年在女性头部商业 IP 的线下沙龙模式中，有很多讲师、学员的参与，客户可以快速了解这个平台并体验产品。如果 IP 本人时间有限，团队可以进行沙龙分享，针对标准产品，邀请一些精准客户。

对于超高客单价产品，可以用 IP 的影响力，设立一定的门槛，邀请一些精准客户进行产品体验。在做好体验的基础上，再进行升单。这种沙龙性产品，对物料、团队的要求比较低。

需要注意的是，带一些朋友进入某个企业，比如英语校区，可以通过带领客户参观并讲解校区，潜移默化地"种草"，然后提供一对一咨询或公开课来进行升单。这样，可以充分展现校区的实力，从而增强客户的信心。

很多高客单价产品，包含了闭门分享和答疑，这属于另外一种形式。沙龙活动通常邀请有意向的客户进行交流和体验，然后促成销售。而闭门分享则针对已经付费的客户，提供更深度的交付和升单机会。

沙龙成交的弊端

但是，沙龙成交也存在一些弊端：

1. 沙龙的时间相对较短

沙龙一般时间是半天或一天，所以需要快速破冰，让客户能够很快进入状态。因此，沙龙应该有一个明确的流程来进行暖场且不让客户反感。主持人可以引导参与者进行破冰互动以熟悉彼此。然后，讲师再进行主题分享，之后安排交流环节，进一步拉近彼此的关系。

沙龙的核心在于建立客户与专家的关系。如果客户对产品有需求，可以通过 VIP 沟通或现场直接沟通来进行升单。对于没有意向的客户，就不进行升单。

沙龙的沟通方式，应该更直接、简约且轻便。这种模式适合客户基数少且希望快速实现高端升单的情况。

如果团队配置较少，即使是一个三人团队，如一个助理、一个主持人和一个助教，也可以成功举办沙龙活动，这样的团队可以服务 15～20 人。

对于场地和物料的要求不必过于复杂。熟练的情况下，半天时间就能确保所有物料准备到位。所以，沙龙活动是一个比较轻便又针对精准客户的升单模式，适用于没有大型发售活动或线下课的情况。通过沙龙分享，可以完成高客单价产品的体验和升单。

2. 沙龙，相比发售吸引力较弱

在沙龙这种交流属性很强的场合里，如果主题没有足够的吸引力，客户就会感到索然无味。对应的策略，就是根据当下的热点以及客户的情况，设计有吸引力的沙龙主题。比如，对于女性商业 IP，可以通过线上每个月提供不同的主题沙龙，然后线下提供体验环节和交流机会，以吸引目标客户群体。

根据客户的需求来设计沙龙活动，无论是为了高质量社交，还是体验新品，都能提高更多人报名沙龙的可能性。

好的沙龙成交是什么样子？

一场好的沙龙成交，有以下几个特点：

1. 精准的客户邀请

为了确保活动的口碑和升单率，邀请的客户应该与活动主题高度匹配。这就需要在邀请前对客户进行细致分析，确保参与者对活动内容有真实的兴趣和需求。

2. 优质的体验设计

沙龙的体验设计至关重要，它能让客户感受到高品质的体验。这包括精心策划的活动流程、专业的演讲和互动环节，以及周到的现场服务。

3. 针对性强的主题设置

沙龙的主题应该精准地打到客户的痛点上。因为沙龙时间有限，主办方需要快速进入重点，以及展示自身在该领域的专业能力和交付能力。

4. 增强交流与互动

由于沙龙参与人数少，因此要鼓励客户多交流、多互动来营造良好的气氛。

5. 精心挑选场地

沙龙的场地选择，原则是让客户有更加沉浸式的体验。所以，一个适宜的场地可以帮助参与者更好地集中注意力，从而增强活动的效果。

6. 提前沟通与现场成交

在沙龙升单时，要提前与客户沟通。在客户同意的情况下，可以在现场直接介绍产品并提供合理的优惠政策，以促进现场升单。

沙龙成交的基本流程

我曾在某所大学举办以"成年人如何学好英语口语？"为主题的高峰论坛，当时有 37 人，最后有 32 个人升单。以下是我们设置的基本流程：

第一，问卷调研。

活动初期，我们给参与者发放调研表，收集他们学习英语的痛点以及对升单的顾虑。基于这些数据，我们为想学习英语口语的人群打上标签，并针对这一群体定制一场沙龙。

第二，电话确认。

通过电话沟通，我们确认参与者对接下来要举行的沙龙主题的兴趣，并邀请他们参加。通过这种方式，确保了到场的参与者都是对主题有意向的人，而不仅仅为了考雅思或托福而来。

第三，案例介绍。

沙龙过程中，主持人介绍一些学员的成功案例，让参与者对我们的教学成果和专业度有一定的了解。

第四，互助式破冰。

老师到现场之后，主持人先介绍公司背景，然后进行破冰互动，引导参与者做英文游戏，使参与者在轻松有趣的英文游戏中学到英文知识。所以，主持人需要具备中英文双语能力，呈现专业度。

第五，内容故事化。

破冰互动之后，老师通过讲述个人经历和故事，展示学习英语的过程和方法，证明个人经历本身也是一种收获，可以让大家感受到老师的专业性与可靠性。

第六，实操演练。

提供具体的学习方法，并引导参与者进行互动演练，让他们立即看到学习成果。这种实操演练，既可以展现老师水平，也可以增强学生的体验。

第七，系统学习框架介绍。

在体验初步学习成果后，我们开始讲系统学习英语的框架，并展示可能的进步，激发他们对系统学习的兴趣。

第八，产品介绍，拉升维度。

接下来，在介绍产品时，我们不仅讲解产品本身，还强调了产品如何帮助参与者实现学习目标，提升大家对产品价值的认识。

第九，痛点答疑，福利介绍。

在介绍产品后，我们针对常见的一些问题进行了答疑，并介绍了相关的福利政策，如开课时间、复训机会和不满意的解决方案。

第十，现场签单福利。

讲完产品后，针对有意向的客户，我们会提供一个现场签单福利，如折扣券等，来促成升单。

通过这次沙龙，我们实现了高比例的升单，因为我们的教学方法、体验和案例得到了大家的充分认可。此外，我当天的状态特别好，也对活动的成功起到了关键作用。

我们做任何活动，都强调现场签单的重要性，对于不能现场签单的，我们会后续跟进。

对于那些想举办线下沙龙并实现升单的朋友，我的建议是：

第一，精髓体验。

一定要让客户体验到产品的精髓。比如，我做英语活动，我就让客户体验到英语的精髓，怎么做能把英语学好。当他们体验到了学习成果，就会觉得，你教的方法有效，他们就可能升单。

第二，升单设计。

明确了解客户的需求和痛点，确保提供的解决方案能帮他们解决问题，成交就会变得更加顺畅。

升单的核心，就是帮助客户理解他们所支付的费用能给他们带来哪些具体的价值，使他们认识到这是一项值得投资的行为。

百炼成钢，一定要大胆、不断地复盘，这是提升沙龙效果和升单率的关键。大家不妨思考一下，你是否在类似的沙龙活动中，有过怦然心动的体验？

高客单
成交

高客单成交的重要性

客单价是区分产品或服务的重要指标，有低客单、中客单、高客单和超高客单，那它们之间到底有哪些区别？

低客单：通常指的是几百元的入门级产品或服务，主要用于吸引新客户或进行市场验证。这里指的是知识付费，实体行业要看具体的产品。

低客单价产品做好的核心在于客户的参与度，核心在于能提供服务的团队、交付的能力、学习打卡的机制以及确保客户的体验。

中客单：通常指的是万元级别的产品或服务。

中客单价产品做好的核心在于课程的系统性和落地性，要把高价值的产品或服务以实战的形式呈现出来，让客户有收获感。

前段时间，我们在做一个中客单价产品时，有连麦成交的相关内容。

我总结并提供了连麦的框架，筛选连麦对象的方法等，给客户安排个性化的交付和现场答疑环节。

高客单：通常指的是提供一对一的服务，完成一对一的交付，定制化解决问题，确保客户获得超预期的收获。

高客单价的客户，时间成本高，决策成本高，追求实际效果。他们希望通过付费把事情委托给值得信赖的专业人士，深度解决问题，最好能一步到位，从而让自己从烦琐的事务中解脱出来，达到让自己省时、省事、省心、省力的效果。

超高客单：在一对一的基础上，主要提供百万甚至千万级别的服务，并且可能采用对赌式的付费模式。

我辅导的客户曾推出的"升学规划服务"就是一个超高客单价产品。在这个案例中，客户支付了 100 万元，我辅导的 IP 以及团队负责提供相关的服务，保证能够上名校。这种对赌式的合作模式，确保双方都更有动力去做。

用高客单提高营收

对大多数人来讲，做高客单是一个必然趋势，它能解决营收的问题。

营收 = 流量 × 转化率 × 客单价 × 复购率。

由此可见，想提高营收，你就得从这几个关键方面入手：

第一个方面，增加流量。 在低客单市场，增加流量才是关键。然而，搞定流量的，只有少数人，如一些知名 IP 能有千万级的流量。对于普通人来说，流量大多来自几千到几万的私域，且增加难度较大。

第二个方面，提高转化率。 转化率的提升，需要综合考虑成交策略、专业知识和团队配合，因此大多数人的转化率并不尽如人意。

如果觉得以上两个方面的难度较高，你不妨试一试提高客单价和复购率。

提高客单价，是通过提供更高质量的产品或服务，吸引客户愿意支付更高的价格。显然，成交大额订单不仅交付过程更为深度，而且还能深化客户关系，从而提高复购率。

如果你想实现 100 万元的营收，可以通过以下方式：

成交 1000 个 1000 元的订单；

成交 100 个 1 万元的订单；

或者，成交 10 个 10 万元的订单。

显然，做好 10 个 10 万的订单，不仅获客的压力更小，而且因为交付客户数少，交付程度深，所以客户黏性更强，体验更好，既可以让客户帮助转介绍，也可以对老客户制订复购方案，这样就可以有效提升营收。

我认识的一位 IP，构建了一个 30 万元出书的高客单产品，因为一步到位帮助客户出书，所以转介绍和复购率都非常高，单这个业务就能年创收数百万元。

小流量，大变现

做高客单，能让小流量实现大变现。

以某 IP 的高客单生意规划为例，我们主要负责裂变式发售。起初她只吸引了 2000 ~ 3000 人进群，在我们的裂变策略中，即在 8 个社群操盘手、1 个主持人和 1 个海报设计师的齐心协力下，她只用了 15 天的时间就吸引了 1 万人加入。

以下，是我们成功的几个关键因素：

第一，组建裂变式特战队。 我们当时组建了一个 170 人左右的裂变式特战队。

第二，做好日常运作的安排，确保客户体验。 战队成立之后，我们安排了每日早会和打榜。早会内容精准且详细，中途遇到任何问题都能及时解决，从而保证客户的体验感。每日打榜会安排一个人负责，最高时有 2000 人进群。

第三，设立多元激励机制。 为了进一步推动社群的活跃度和参与度，我们设计了多种激励措施，比如奖励机制、晋升机制等，来激发战队成员和社群成员的积极性。

最终，不仅万人进群，还实现了新增收益超百万的目标。这还不包括后续可能带来的更大规模的收益，如百万甚至千万的对赌合作。

做高客单，用小流量实现大变现时，有三个大前提。

前提一：精准且有利的定位。

定位要直击痛点：要么让客户心痛，要么让客户心动，最忌讳不痛不痒不行动。定位要有高价值：如抗衰老、出书、打造个人品牌，这些都是客户心智中的高价值定位，自带高付费属性。定位要有紧迫性：不能让客户想明年做、后年做，要此时此刻就想做，这样才能更快成交。

前提二：做个案。

通过成功的案例，可以增强客户的信心，进而带来转介绍和复购。我在给一些IP做操盘时，会介绍自己一些成功的案例，他们从中不仅看到了具体成果，还了解了我的专业实力，与我合作时会更有信心。

前提三：精细化运营私域。

在今天这个信息爆炸的时代，即使最优秀的产品或服务也需要主动推广才能获得关注。你通过提供有价值的内容和互动，如朋友圈、社群、私聊等，就可以在不依赖大规模公域流量的情况下，实现小流量大变现。

找到自己的稀缺性

做高客单，关键在于发掘行业的稀缺性。

"行业的稀缺性"指的是什么？简言之，就是需求多但供给少，且能提供独一无二的服务。以知识付费为例，参与的人很多，但能够做升单的人寥寥无几，这就是行业的稀缺性。再比如，现在想做线上的人很多，想做线下的人也很多，但能从线上到线下提供完整供应链甚至拿结果的人很少，这就是行业的稀缺性。

怎么找到行业的稀缺性？我的建议是：**在一个大的赛道里，找到有细分、垂直且有高需求的价值点。**

一旦确定了细分的、垂直的价值点，接下来就要通过痛点沟通触达客户心智，赢得客户的信任，从而实现快速成交。

我认识一位资深出版人，他在出版这个大赛道里找到了稀缺性，即"四天聊出一本代表作"。他的团队从定位到框架构建、访谈、稿件整理到最后出版，提供一站式服务，确保为客户提供优质的体验。

要想做好高客单，还要找到自己的优势。你一定在某个行业里有一些事情比别人做起来更轻松，有更强的解决问题的能力和完备的解决方案，更容易拿到结果。

以我自己为例，出单能力是我的核心竞争力。作为一名创业者，我能把一个个复杂的项目拆解成小模块，并制订出标准操作流程，同步完成社群运营等工作。这样，我在与 IP 合作时，就能让 IP 专注于内容创作，省心省时省力。

高客单锁定了少数人群，让你的竞争对手变少，能在细分领域做到"一厘米宽，一万米深"，提高了客户选择的概率。

你不妨思考一下，你有哪些稀缺性能让更多人为你支付高客单？

高客单获客的方式

做高客单的挑战，在于能否持续提供优质案例，以及能否让客户不断产生正面口碑和复购意愿？这才是我们要关注的核心。

每一位满意的高客单价客户背后，可能有成千上万的潜在高客单价客户群体，期待着与你建立合作关系。

案例是高客单的护城河

自从 2021 年以来，我一直坚守一个定位——做高客单案例的作用至关重要，如同一座城池的护城河。

前段时间，我接到了一个英语提分领域 IP 的咨询。他之前在线下机构每年有 300 多万元的利润，转型做线上后把客单价定为 1 万多元，每月仅能卖十几份。他不喜欢耗时间和精力的陪跑式交付，但不清楚下一步应该做什么，也不确定要不要做高客单。我对他说：

有金刚钻就要去揽瓷器活。当你有足够的专业能力时，要大胆去做高客单。做高客单，可以积累大量一线实战的

SOP 与经验，这是中低客单难以比拟的。做高客单，相当于在拉高自己与团队的价值生态位，提高客户的认知，从而在做中低客单时更容易成功。这很好理解，你提供一个 5 万元~10 万元的产品，大家对你的认知就停留在 5 万元、10 万元，而你提供一个 50 万元或 100 万元的产品，大家对你的认知就停留在 50 万元或 100 万元，拉高了你的价值，等再做中客单时就更容易了。既然你们有一个 18 万元的至尊卡服务，就要用起来。当然，你不是为了收 18 万元的费用而做，而是为了做大量优质的案例。

我的这段话给了他很大的启发，他决定开始做 18 万元的高客单，去帮助客户拿结果。这就是在核心领域里做到了"一厘米宽，一万米深"，围绕一个点，纵深打下去。

在做高客单时，需要注意以下几点：

避免急功近利： 不要急于求成，要有耐心和长远的眼光。

亲自参与： 即使你是指导者的角色，也不要只动嘴不动手，还是要亲自参与一线工作，确保服务质量。

策略落地： 要保证策略足够落地，足够接地气，确保团队及 IP 可以扎实地执行。

避免过度营销： 大多数高客单客户不喜欢被营销，而是更倾向于舒服地被"种草"。为此，要提供足够的信息和充分的决策权，让他们自己做选择。

网红难做，"群红"易做

如果想要高客单获客，我的建议是付费加入一些社群。过去，我付了20多万元，进了十几个社群。虽然，我听课特别少，但始终关注群里的动态，保持对群主的关注，并通过价值创造获得大家的认同。然后，再找一个契机，在社群里分享，这样逐步提高客户对我的认知度。

在这里，有一条"捷径"，就是与群主建立深度联结，成为"群红"，那么其他成员极有可能成为你的高客单价客户。

这相当于群主建立一个几百人的社群，而你通过成为"群红"的方式获取到了精准客户，知道了他们的精准意向。

网红难做，"群红"易做。我有几条建议送给你：

建立信任。 刚加入社群时，在群主不了解你的情况下，不要过于活跃，这容易让群主感到不安。你要遵守群规则，不要发任何广告链接，如果发要先征得群主同意，并附上红包以示诚意。

提供价值。 先给予者为强大者。在遇到与自己专业相关的问题时，要主动提供帮助，让更多的人看到你的专业能力和独特价值。在一些社群，如果有人询问定位的相关问题，我就会主动帮他解答，很多人会主动加我。

如果你一心只想获客，就不停加人，不停发广告，会引起大家的反感。

多与群主互动。 积极主动参与群主发起的活动，帮助群主实现目标，这样群主也会更愿意帮助你。

此外，有一个绝招，就是**分享群主的成功案例。**这样做可以证明群主的方法有效，也能吸引其他成员的注意力，对你产生好奇心，进而与你联结。

获客的一些有效方式

要实现高客单获客，关键在于知晓目标客户画像，再匹配相应的渠道。除了成为"群红"，还有很多种有效的获客方式。

客户推荐。最精准的方式，是付费客户的复购或转介绍。我帮王姐"升学规划"成功发售产品之后，她对我的服务比较满意，直接为我推荐了两个客户。

出书。这可以展示专业度和高价值。在读了你的书之后，他觉得很有收获，可能付一笔高客单费用，寻求更深入的学习或者合作。

发视频。我曾经制作了一条关于"十年奋斗"主题的视频，感动了很多人，后来主动联系我，向我付费学习或者咨询合作。

写销售信。很多人阅读了我的关于"人生故事"的销售信后决定付费，销售信也吸引了很多潜在客户来听公开课。

参加访谈。可以参与一些杂志或自媒体的访谈，尤其是与一些知名访谈嘉宾合作，可以提高曝光度，进而引流。我之前有一个合作IP，叫"陈翔创业圈"，他有一段时间专门访谈商业IP，给他们做精准的曝光和引流。

参加电视节目。可以参加一些与自身相关的电视节目，如《非你莫属》，以老板的身份参加，也是一种获客方式。

联结行业优秀者。行业优秀者往往拥有广泛的人脉网络，通过与他们建立联系，可以利用他们的网络来拓展你的客户基础。

首先，明确意图。我联结新东方的联合创始人、真格基金的创始人之一王强老师时，告诉他：

> 王强老师，我是您的忠实粉丝，也是课程受益者，您的课讲得既有意思又深刻。我是一个专门帮 IP 变现的创业者，也是您的付费学员，希望以后跟您学习更多知识。

其次，展示价值。

> 在跟"陈翔创业圈"合作时，我发现他对于线下课有提高口碑与转化的需求，我就给他提供了一些思路和想法以及配套的解决方案。他听完之后，觉得这是目前听着最舒服的解决方案，直接选择与我合作。

有时候要主动一点，提供价值，万一被选中了呢？被选中之后，好好做，拿到结果，那么财富和影响力自然会来。

最后，提供情绪价值。对于行业内的优秀者而言，情绪价值可能和物质利益同样重要。在互动时，要懂礼仪，积极响应、发红包、给予正反馈等。

做好一个高客单客户的案例，相当于打开了一个新的世界。你不妨思考一下，为什么高客单价客户非你不可？你的独特价值是什么？

高客单产品如何设计

做高客单的核心，是为了做优质案例，这就需要筛选合适的合作对象。我们在做高客单时，非常注重合作对象的选择。主要看这几个条件：

第一，积极合作。 要寻找那些愿意积极参与并投入合作的伙伴。

第二，敞开沟通。 与那些愿意开放交流、分享信息和反馈的伙伴合作。

第三，发挥优势。 寻找能发挥自身优势，为合作带来独特价值的合作伙伴。

第四，舍得分钱。 选择舍得分钱的合作伙伴，这有助于建立长期的合作关系。

如果潜在的合作伙伴无法满足这些条件，即使他们已经付费，合作也可能会变成对彼此的消耗。

高客单产品，按需定制

高客单价产品，不是脑补出来的，而是按需定制的。也就是说，根据合作对象的需求，定制解决方案。

那么，具体怎么设计解决方案呢？

第一，与客户深入沟通，明确他们的核心需求。

当时，我与女性头部商业 IP 合作时，他们提出了"解放创始人，孵化讲师，孵化操盘手，孵化顾问咨询团队"这四个需求。这些需求就成了我们产品设计的出发点。

第二，定制化服务。

根据客户的具体需求，提供定制化的服务。比如，客户的需求是能做一次流量新增，实现破百万的业绩。这个时候，我们会制订时间计划，设定好价格，明确操作路径，包括线上发售和线上操盘。我们也会提供后端的高客单设计。

第三，适当标准化。

高客单产品，按需设计，也要标准化。标准化的好处，就是能更稳定地发挥。比如，我们在发售完之后会形成一套 SOP，活动结束后作为一个高客单、高价值的服务送给客户，实现超预期交付。

但是，在这个过程中，要注意：

不是所有需求都要满足，只满足你自己核心能力和业务范围内的需求。
比如，我们在与一些 IP 合作时，就有人向我们提出帮他解决分钱问题的需求，我立即表明这不是我的专长，但可以分享一些分钱方法供参考。

第四，要明确合作的边界感。

当你和有些合作对象产生信任后，他们可能会找你解决各种各样的问题。此时，明确的边界感就显得十分重要。比如，如何上架一个产品，这就可以让团队去完成。

如此，就可以确保高客单价产品的设计既满足客户的需求，又在自己的专业能力范围内，同时还能保持服务的稳定性和高质量。

高客单产品模型

在设计高客单产品时，还需要按照以下的步骤：

第一，为客户分析高价值定位。

每当客户向我咨询时，我会细致地了解他们的需求，并识别需求中有高价值的部分。

第二，将高价值需求与我们的优势进行匹配。

比如，客户的需求是做公域，而这并不是我们的核心优势，我们会坦诚地拒绝，并解释原因。

第三，明确可以交付的内容。

做交付的人不是神，也有自己擅长的部分和不擅长的部分。比如，在发售过程中，我们会拍很多短视频，有 IP 提出做一些爆款，我们就会找外援，额外付费来合作完成。

第四，配套团队和时间安排。

交付排期，也是产品设计的一部分。我们现在的高端交付占比较重，在合作开始前会和对方沟通交付周期。每一个高端产品的交付周期通常是一个月。

此外，在设计高客单产品时，要把握好以下的关键要素：

第一个，萃取产品的痛点和卖点。

痛点，即客户一直想要快速解决的问题。比如，头发稀少的人想要快速长出茂密的头发，这就是一个痛点。

萃取痛点，是用一句话精准描述客户的需求。如何精准地萃取描述客户痛点？我的经验是从客户的诸多表达中进行萃取，进行需求登记排序，如按照最痛、次痛的等级来排序。然后，根据最痛的点，提供对应的解决方案。

卖点，即差异点和特色，就是你和别人不一样的地方。

我们的卖点有两个：

一是帮客户直接拿结果。怎么做到？我们可以通过连麦和设计转单流程，进而实现变现。这是与其他发售的区别。

二是我们懂线下课的一系列打法。比如，如何做好一场线下发售，把握好开线下课的时机，通过设计使线下课实现最大化的转化等。

第二个，定价讲究的是双赢。

高客单产品定价，是锁定客户心智、抢占市场的关键。

价值定价。 我们会根据提供给客户的价值，用"1/10 法则"来定价。比如，我们可以为客户提供 300 万元的价值，那么 30 万元的价格就是合理的。

考虑投资回报率。 在定价时，我们会考虑客户的投资回报率，确保他们认为这笔投资是划算的。比如，他付给我 30 万元，而我为他带来 150 万元的收益，那定价就是科学的。如果客户付给我 35 万元，而我只为他带来了 30 万元的收益，这个定价就偏高，是不合理的。

如果客户特别渴求结果，那也可以试试对赌机制。

不要为了设计产品而设计，要从客户需求出发。不妨思考一下，如何用一句话讲完你的高客单价产品，就让别人想付费？

高客单客户的破冰与成交

高客单价客户是厌恶风险的。对于他们来讲，业务的盘子足够稳定了，找你合作的核心是低风险并能拿到结果，且结果是可持续的。

不要来者不拒

做高客单必须有明确的筛选机制，根据客户画像选择客户，而不是盲目地接受所有潜在客户。

我们专注于高客单的操盘落地，通常会拒绝以下几类人。

第一类：纯小白。 完全没有经验的初学者，他们需要至少一年的时间来学习和成长，这就需要付出更多的时间成本。

第二类，高负债群体。 高负债的客户更倾向于找到快速赚钱的工作机会，如果他们支付了一笔高客单，可能会急于变现，短时间内没有结果就很容易使他们焦虑甚至崩溃。

第三类，三观不正的人。 比如，有些人学习是想"割韭菜"，或者联合我一起"割韭菜"，这样的人是不能选择的，因为这些做法不符合我的价值观。

第四类，从事高风险行业的。 如做数字货币的，而我对这些行业不了解，通常会保持谨慎，不会轻易涉足。

主动起来，机会就来了

在确定高客单价客户的筛选标准之后，如何与潜在的优质客户建立联系呢？以下是一些有效的破冰策略：

与高客单价客户破冰的一个重要方式，是不卑不亢，跟客户共生共赢。 很多高客单价客户可能在某个领域有一技之长，或者在某些维度有更高的成绩，势能更高，当你向他们表现出共生共赢的心态之后，通常会让他们更愿意与你交流。

赠送定制化礼品，是一个重要的社交礼仪。 我们通常会给高客单价客户送一些定制化礼品，如绘画版的客户定制肖像，他们收到后不仅惊喜，还特别感动。

利用你的技能和资源帮忙解决问题，这是赢得信任的关键。 曾经有一个客户急需合适的场地，我知道后为他提供了多个场地，解了他的燃眉之急。这件事情迅速拉近了我们的关系，提升了他对我的信任，还获得了很多合作的机会。如果有客户想要解决声音的问题，我会发一些练声的视频，把我付费学到的练声方法分享给需要的客户。如果客户需要更专业的声音训练，我会把他推荐给专业的声音教练。

通过以上这些策略，可以有效地与高客单价客户建立联系，并为他们提供真正的价值，从而建立长期合作关系。

促成成交的关键

要想促成高客单价客户合作，关键在于识别并解决潜在障碍，同时发挥自身优势，展现自己的专业性，进而增强信任度。

如果对方迟迟未做出决定，也没有拒绝，说明内心有卡点，还在犹豫。我们可以主动沟通，可以这样说：

请问我们现在的合作您考虑得如何？是否遇到了需要我帮助解决的问题，或者需要我为您对接哪些资源？

这样的沟通，可以让对方感受到你的真诚和专业。

成功的项目合作往往源于双方优势的最大化发挥。

每个人都有独特的优势。比如，我擅长通过连麦促进成交，帮客户拿到大结果。我善于表达，学过一些声音技巧，这让表达更有质感，赢得了很多客户的信任。

在沟通中展现专业性也是至关重要的。分享案例、专业知识和有效方法，可以在客户心中"种草"。当某女性商业IP的创始人在向我询问销售的本质时，我提供了一个深入的角度：信任才是成交的基石。销售本质是解决信任的问题，不要只停留在产品的卖点、痛点上。这立即赢得了她的认可。

高客单成交，不是一蹴而就的，而是循序渐进的。不要着急成交，要先提供价值，让她识别出你的专业能力。然后，让她验货，合格之后再成单。

这就像谈恋爱。有好感才能约会，约会后才升级关系，升级关系后再进入下一步。不妨思考一下，你曾经被什么样的人或方式快速吸引过？吸引点在哪里？

高客单签单流程	重点概括
建亲和	好感度是一切合作的开始
挖痛点	找到客户的真正问题
列需求	客户到底有哪些需求
确顺序	确定客户想要解决需求的顺序
提解法	给到客户的解决方案是什么
破抗拒	客户还存在哪些疑虑
立签单	给到客户此刻下单的方案
即跟进	根据客户不同情况来跟单

表6　高客单签单流程是什么样的？

高客单客户的维护与升单

不要把与高客单客户的合作当作一次性的买卖，而应看作未来可终身持续的合作。所以，维护高客单客户应少一点"功利心"，多一点"帮助心"。

维护高客单客户

完成交付之后，我们和高客单客户就没有后续了吗？事实并非如此。

在做高客单时，即使完成交付也要有服务意识和提供价值的意识。毕竟，与获取新客户相比，维护现有客户的成本要低得多，把预算投入客户维护上，为他们提供更好的体验和服务。

像"陈翔创业圈"这样的高客单客户有一个习惯，就是经常在朋友圈发求助。只要在能力范围内的，我就会尽力提供帮助。这种无心之举带来了一些意想不到的成果。我的诚意和能力被他看见且肯定，我们俩之间达成多次合作，每当有机会时他也会想到我。

"豪车毒老纪"经常定期为高客单客户送一些小礼物，如春联、特色饺子等。这些成本不超千元但贴心的小礼物，却能赢得高客单客户的信赖与支持，进而产生十万乃至百万元的利润。

复购与升单

复购是基于需求再次购买同样产品的行为。比如，今年我买了很多高客单社群，因此吸引了 300 多人添加我，这些粉丝给我带来了数倍的回报，所以在社群服务到期后，我选择了继续付费。

在产品服务周期即将结束前一个月左右，可以策划复购活动，吸引老客户续费。

当然，**复购的核心，在于提供更超值的产品或服务。** 当客户验证产品后，你在策划复购活动时要足够真诚，确保他们能得到更高的性价比，甚至是惊喜。比如半价买入，附带超值福利，这就是一个更超值的产品，高客单价客户更愿意付费。

如果客户第二年有了新的需求，不再满足于买相同级别的产品，而是希望升级到更高级的产品，这种行为就叫"升单"。实际上，升单就是一种更高级别的复购。

升单的最佳时机是在客户体验最佳时，那时他们的情绪最高涨，对产品或服务的满意度达到顶峰。应避免在客户冷静时进行升单，这无异于自毁。

升单的产品与原有产品相比，不仅在价格上有明显差距，在价值上更要有显著的提升。比如，原有高客单产品价格是 10 万元，升单后产品的价格可能是 50 万元，两者之间的价值应做到 10 倍以上的差距。

请思考一下，如何做才能让高客单客户复购、升单并转介绍？

高客单社群的经营与维护

根据付费标准，社群可以分为免费、低客单、中客单和高客单等不同类型。

免费社群，即不需要付费就可进入社群，核心在于维护好成员的体验，尤其要避免广告泛滥。每发一次广告，就会消耗一次成员的注意力。

低客单社群，成员的注意力有限，一般需要控制好活动周期。比如，为期 7 天或 15 天的社群，应在活动结束或完成交付之后，及时结营并解散。

中客单社群，重点在于完成标准化交付。比如，我们制订出一套标准化的流程，在一年内完成交付，确保服务的质量。

高客单社群，大多是围绕特定项目进行交付。一旦项目完成，这个社群就可以解散了。或者根据需要提供持续的多对一的提醒服务。

高客单社群如何经营？

优质的高客单社群，往往是因为它提供了超出期待的价值和服务。

如果你也想经营出优质的高客单社群，不妨从以下方面进行改进：

重视入群仪式。我每进一个高客单社群，都有一个热烈的欢迎仪式，很多成员列队表示欢迎。我会从中感受到这个社群的温暖，并认为这次付费很值得，有归属感。

鼓励成员互动。一个开放和互助的社群，能创造更大的价值。社群是开放的，要引导成员相互添加好友，建立联系，促进社群内的资源共享和互助。当你一心想帮助群友成功时，群友反过来也会助你成功。

关注在社群里，大家喜欢什么互动。比如，来自群主的求助。我最近要出一本书，可以在群里征集书名，或者是选择封面。

不断迭代产品和服务。每个交付都有生命周期，不要故步自封，而应持续为客户制造惊喜。

比如，去年流行线下课，但今年不流行了，因为他们反映听课的效果不大，这种情况怎么办？我会给他们看实战营，实战营结束之后做连麦互选会，一直超出他们的预期。

妥善处理异议。在遇到一些有争议的意见时，避免公开讨论，尽量私下沟通，维护社群和谐。

之前，有一个 IP 比较强势，针对一个问题和群友持不同的意见，就在群里吵起来了。最后导致群友很不满，想退费。

针对这件事情，我们没有直接进行评判，而是找到 IP 详细了解情况，明确了问题的核心，并适时在群里做引导。后来，这个 IP 认识到是自己的问题，主动和群友道歉。

如果有人提出好的建议，我们会发红包进行鼓励；如果提出了不好的评价，我们会自查，把这些反馈当作改进的机会。

培养铁杆粉丝。 有些深度付费客户是社群的忠实支持者，他们可以帮助经营社群，给其他成员一些正面反馈，促使群里形成良好氛围。

举办高质量活动。 组织有主题的社交活动，如以IP生日为主题的活动，或者以传统节日为主题的宴会，提供有意义的互动机会。

避免广告泛滥。 明确群规禁止广告，对于违规者，先提醒，再警告，必要时进行退费处理。

高客单社群如何维护？

在维护高客单社群时，有的人觉得对方是高客单客户，就有一种讨好的心态，凡事都顺着对方来。这种做法，往往不利于社群的长期发展。

作为行业的专业人员，你要学会带客户的节奏，而不是被客户带节奏。客户不清楚你的交付，以及怎么配合能拿到结果，而你的角色就是用专业知识去指导他们。

你可以按照以下几个核心标准去做：

优质信息筛选。 每个人都有各种方式获取信息，那为什么要进你的群获取信息？说明他们认为你在这个方面是专业的。比如，在连麦成交方面我是专业的，可以获取一些优质信息给到客户，对客户有实际的帮助和启发。

提供高质量分享。定期分享优质案例和经验。比如，我最近在做裂变式发售，吸引万人进群，成交过百万，我主动分享背后的经验，吸引客户关注并能从中有所收获。

高质量资源匹配。组织高质量的资源对接活动，如连麦互享会，为成员提供实际的业务机会。

优质大咖分享。社群里不乏各行各业的佼佼者，你可以邀请他们进行分享，分析行业趋势，提供深度见解。

红包。发红包多还是抢红包多，可以衡量一个社群的质量。发红包多，意味着社群给予者多，如果都是潜水抢红包的，则意味着社群文化还没有建立起来。

要鼓励成员多发红包，营造给予的氛围和文化。比如，我每次分享会都呼吁商学院的学员发红包，让大家形成一种付出意识和相互给予的意识。

价值观一致性。价值观会形成社群最重要的底色。如果社群的价值观是给予，那么成员也会主动给予；如果社群价值观是互相帮助，那成员之间也会互相帮助；如果社群价值观是索取，那成员之间也会互相索取。

以专业为依托，以实战成果为镜，帮高客单客户突出重围。哪些高客单社群曾帮你突出重围？他们是如何做的？

高客单价产品如何批量成交

低客单产品价格低，决策快，周期短，购买决策门槛较低，成交策略相对简单。

低客单在批量成交时，可以考虑从以下几个方面着手：

价格策略。 可以利用限时折扣吸引客户。比如，在直播间里，可以展示产品原价与现价的对比，突出价格优惠力度之大。

赠品策略。 提供额外的赠品或小礼物，虽然价格不高，但能让客户感受到心意。

零风险承诺策略。 提供类似七天无理由退款或其他形式的保障，减少客户的购买风险，进而增加购买意愿。

这三个策略往往能有效地促使客户快速下单。

相比之下，高客单价产品面临的挑战更大：

决策周期长。客户在考虑购买时，往往需要更长的时间来评估和决策。

信任门槛高。客户对高客单产品的要求更高，因此需要建立更深层次的信任。

因此高客单成交更推崇通过一对一的顾问式诊断完成升单，或者是直播连麦，通过连麦嘉宾高价值的赠品，促进客户下单。

不要为流程负责，要为效果负责

在做高客单批量成交时，要时刻盯着哪些动作带来了有效的下单，而非走完销售的流程。

我曾在这方面吃过一个大亏。

少帅高客单产品上线的第一次发售，我们估计预售能达二三十万元，正式发售能达两三百万元。

第一天，我们的策略是送赠品，即嘉宾的一些千元级产品，过去这种策略总能带来很好的杠杆效应。按理来说，出单应该非常快，但我们只卖出了十几单，远低于预期。

我们开始反思，到底是哪里出了问题？是连麦形式已经过时，还是客户对连麦免疫了？尽管如此，第二天我们并没有进行策略调整，依旧只出了十几单。我们估计，这次发售可能也就几十万元的营收了。

到了第三天，我们开始想：与其这样，不如做一次大胆的调整，把嘉宾原本千元级的产品变成更高客单价、更有吸引力的产品。不出所料，嘉宾的赠品起到了非常强的杠杆作用，当天直播间的销售额达到了近 60 万元，业绩直翻五六倍。

如果再给我一次机会，我会从第一天开始就提供更有价值的赠品，并延长活动时间，如果这样做了，那次发售的业绩做到 300 万元以上没有问题。

这件事情让我意识到，无论经验多么丰富，都要用心对待，并及时复盘数据指标。要时刻洞察客户的下单点，保持敬畏之心，不断更新策略，而不能依赖过去的经验解决新的问题。

用一个问题解决一系列问题

高客单批量成交时，每个客户都有自己独特的卡点，你千万不要就问题去解决问题，而要用一个问题解决一系列问题。

你可以把一个问题当作"送分题"，当作"神来之笔"，当作巧妙的切入点，当作一次详细地介绍高客单价产品的机会。这种方式，可以在不突显推销的情况下，让客户认识到产品的价值。

比如，直播时会有人问我能不能复训，我通常的回答是：

> 交场地费是可以复训的，而且一年举办多次，不用担心时间问题。你也不用担心不满意，我们有零风险承诺，不满意现场直接提，还可以直接退费。

我不仅解答了复训的问题，还解决了时间和满意度的问题，从而让客户安心下单。

在与 IP 连麦时，面对客户的疑虑，也可以采用同样的方法。

2023 年 3 月，我和一位 IP 进行了一次连麦直播。有客户问：这个社群会不会像其他社群一样，只是以私董会的名义来"割韭菜"的？这个问题在当时特别普遍，因为很多人对私董会的形式持怀疑态度，担心这只是一次性变现的手段。

我回答道："刚开始进这个社群时，我也有这种担心，怕群主把人拉进来之后什么都不管了。但经过我亲身体验后，我发现这个社群与众不同，主要体现在以下几个方面：

第一，每月至少有一次答疑，一年共 12 次，每次都能解决我的问题。

第二，定期有高质量闭门分享会，不是打广告，而是纯粹地分享干货。

第三，线下课有深度且萃取出了关键的知识点。

第四，有高质量的社群信息，帮助大家获取有价值的资讯。"

听完我的分享之后，一些原本有顾虑的学员开始意识到，尽管他们担心的问题确实存在，但这个社群提供了完全不同的体验。

这就是借一个问题，解决很多问题。

批量成交意向客户的策略

有意向的高价值客户，他们不仅在寻找解决方案，还会评估你的专业能力，不要把这当作一个难题，而应看作你帮助他的一个过程。

以下是一些有效的策略：

批量式成交发售。 这种发售方式，能抬高产品势能，还能吸引大量客户加入社群，实现集中影响，进而促成交易。

高端沙龙体验。 精心策划一些高品质的沙龙活动，定向邀请潜在客户参与体验。比如，一家高端化妆品品牌，可以定期邀请 VIP 客户参加新品体验沙龙，提供一对一的美妆咨询和试用，让客户感受到尊贵的个性化服务。

围观高价值交付。 在交付高价值客单产品时，可以为意向客户提供围观机会。比如，邀请意向客户旁听答疑会，但不可以提问。如果他们对内容感兴趣并希望参与互动，就可以付费进入高价值社群，享受更多服务。

互动式答疑会。 客户只需要支付一个基础费用，就可以享受答疑服务。如果对答疑结果满意，可以补差价升单，如果不满意，可以选择全额退款。这种策略既降低了客户的尝试成本，也提高了服务的转化率。

精品公开课。 设置参与门槛，定期举办精品公开课，分享优质案例的经验，提供互动环节，让客户对你的产品和服务了解得足够深入。

一家知名商学院定期举办案例分享会的旁听活动，邀请拿到结果的学员分享最新的商业打法，讲解有可借鉴性的过程，让旁听者更深入地了解商学院的专业能力，从而吸引了很多旁听学员下单报名。

做好高客单价产品的批量化成交，要保证验货到位，要积累案例，要展现诚意。你做好准备了吗？

流程管理
持续成交

成交的模式结构与底层逻辑

为了实现持续成交，必须不断学习新技能。这是因为客户的需求和关注点都在不断变化。只有适应这些变化，才能跟上客户的步伐，比如直播能力，现在客户停留在直播间的时长越来越久。

想成交，要思考客户的注意力在哪里

很多行业领袖，目前都采用短视频的方式举办产品发布会。因为他们意识到，传统的发布会模式，已经无法吸引客户的注意力。而短视频的碎片化特性，能突出产品的亮点，也可以使客户更及时地了解产品信息。

很多传统行业和企业家也开始做 IP，通过 IP 发售实现出圈出道，通过内容吸引粉丝、培育粉丝，线下来交付和变现。

能力可以沿用，但要嫁接到新场景里

当前，客户的注意力普遍集中在直播间、短视频、朋友圈以及各类社群。

为了赢得更多客户，必须系统地更新与这些领域相关的技能，去吸引他们的注意力。赢得注意力就是掌握了新的财富密码。

拿我自己来说，我一直坚持提升自己的业务技能。比如，"连麦"这个概念，我会把它拆分成更细的能力和场景。再比如，我还会加强自己的短视频输出和公开课讲授的能力。

我深知，某些能力永远不会过时，如演讲能力、思考能力和复盘能力。但是，你只有将这些能力和新的应用场景结合在一起，才能产生显著的效果。否则，你可能会无奈接受"无法成交"的结果。

正如某些讲师，他们在十几年前就已经通过线下课取得了成功。但如今，尽管他们的演讲能力有了很大的提升，却不得不面临举步维艰的局面。这是因为场景发生了变化，客户的注意力已经转移到了线上，对线下课的需求不再那么强烈。

成交，必须建立在适应人性的基础上。销售人员应关注人性的底层，顺应人性，并理解不同场景下客户的不同需求。因此，深入了解不同客户群体在不同阶段的不同需求，会更容易实现成交。

SOP 是一个框住你的流程

SOP 是一种能够规范操作的流程，它能防止你的行为太过随意，让你在关键时刻在正确的方向上发挥好。SOP 能框住你，明确指导你在某个节点应该做什么，重点是什么，并会提醒你，以免出现失误。

此外，SOP 也是实现自我复制和团队复制的关键因素。缺少 SOP，将难以实现有效的自我复制和向客户传递一致的操作标准。

普通销售人员在成交时依赖精心设计的话术，如"321 倒计时"或"今天不要 1980，只要 980"这样的价格优惠策略。这些话术在特定时刻可能会起到关键作用，因为它能够吸引部分客户，但是现在的客户不再仅仅局限于价格策略，更关注产品交付与投入产出比。

话术是 SOP 的一部分，但一定要结合个人特质和具体场景去使用。否则，话术可能就会变成一种让人听起来很公式化的语言。

SOP 和底层逻辑之间是协同关系。成交模式的底层逻辑是用来指导 SOP 应用的基础，而 SOP 则是实现这一逻辑的工具。只有将底层逻辑与 SOP 相结合，才能发挥最大的效用。如果不理解底层逻辑，就有可能只是生搬硬套。

比如，在直播间，一些主播可能会频繁使用倒计时或价格优惠的策略。但这些方法连续使用多次之后，可能就会失效。因为客户可能会逐渐对这些方法产生免疫。真正的底层原理是建立客户对你的信任。如果客户都不相信你的话，那么任何话术都将失效。

拥有 SOP 和底层逻辑的人，更容易构建稳定的成交模式结构。这种结构能确保你在 80 分的水平上稳定发挥。有结构之后，就会像学习技能一样，遵循一定的顺序。

遵循成交模式结构的人，会按照既定的节奏和流程进行操作。因为这些流程符合人性的下单原理。了解底层逻辑，但缺乏 SOP 和成交模式结构的人，可能难以发挥其潜力。

许多依赖经验发挥的销售人员可能会表现不稳定。他们可能在灵感来临时表现突出，而在状态不佳时表现低落。

不懂底层逻辑的人，可能会像机器一样生搬硬套，缺乏灵活性。当你既理解底层逻辑，又熟悉整个流程时，就能稳定地发挥。

我们曾经辅导过一个企业，其成交模型最初只适用于线下，但后来成功地转移到了线上，只是线上的成交没有流程，IP 随意发挥，客户下单也很随意。

应用我们的流程之后，成交率明显提升了 20%。在直播间中，主播开始有意识地进行客户分层管理，有些客户在一对一咨询后立即下单了，而有些客户需要持续关注和培养。

按照成交流程与客户沟通，可以快速分析出客户的支付能力和购买意向。我们在线下应用的流程也可以迁移到线上使用。

好的成交结构和底层逻辑

人们在做出购买决策前，通常先对产品或服务产生好感，才会激发了解的兴趣。在兴趣的驱动下，他们会提出一系列问题，以判断产品或服务是否能满足自己的需求。即使能满足需求，他们也可能对产品的真实效果持怀疑态度。所以，你需要解决他们的卡点和疑虑。

当卡点和疑惑得到解决后，他们可能会考虑购买，但还不了解价格和优惠政策。无论他们的经济状况如何，都倾向于寻求更优惠的价格。所以，你需要提供一个优惠政策，并确保他们没有买贵。

因为，良好的销售流程应该符合人的决策性质。所以，流量获取、需求判断、定位、产品定价、销售、零风险承诺和赠品策略等环节，共同构成了一个人正常下单的流程。

虽然人与人各不相同，但人性是相通的，这就是我们的理论能在各个行业应用的核心原因。我们本质上是做人性成交，这种成交方式有其独特的思考逻辑，并顺应客户的思考逻辑建立 SOP。在商业活动中，顺应人性进行成交，客户也会感到舒适，还能让客户感受到被理解和获得相应的解决方案。

如果你想建立一套自己的成交模式结构和底层逻辑，我建议：

第一，要先学习那些已经被市场验证的有效方法，而不是原创。

第二，结合自己的表达特点和产品特质进行调整。不同的消费群体有不同的特点。比如，女性群体更注重温度和情绪，男性群体更注重目标和效率，儿童群体更注重体验和喜好，而老板群体更希望直接说出他们的问题并获得相应的解决方案。每个群体的客户画像，决定了你的成交流程应用的方式与力度。

成交过程中的"天龙八'步'"

在构建有效的销售流程中，以下步骤至关重要：

第一步，建立信任、好感和亲和力。信任是成交的基石。

第二步，深入挖掘客户的需求和痛点。因为客户购买产品或服务，是为了解决长期存在的问题，满足自己未被满足的需求。

第三步，归纳和总结客户的需求点，根据客户的紧迫性进行排序，为后续提供解决方案做准备。

第四步，与客户当面确认需求，明确他们希望解决的问题。

第五步，提供相应的产品解决方案，以满足客户的需求。

第六步，消除客户的常见疑虑，比如方案的适用性和价格问题等。

第七步，解释为什么需要立即下单。客户下单需要充分的理由，只有需求明确他们才会马上购买。

第八步，提供零风险承诺，让客户下单时没有后顾之忧。

这一系列步骤构成了我的成交过程中的"天龙八'步'"。

一个稳定的成交流程能够帮你稳定发挥出 80 分的水平。这个流程可以随时随地应用，持续稳定地出结果，并可以根据不同场景进行调整。

日常多感知别人是如何成交你的，想一想当你被别人成交时，对方采用了什么方法？他们是如何抓住你的需求的？

如何增强客户的信任

信任来自"你是我的投影"

在销售过程中，客户在不了解你的情况下，对你不信任是一种很正常的现象。所以，作为提供解决方案的人，你应该假设客户对你所说的每句话都持怀疑态度，并在此基础上建立信任。

信任的建立是一个多维度的过程，很多方面都可能影响客户对你的信任。比如，如果你的穿搭没有体现出专业性，客户就可能第一时间对你产生不好的印象，从而导致他们对你所说的每一句话都产生排斥。

所以，无论是面对面的交流还是在直播间，都要第一时间让客户对你建立好感。第一印象很重要，你需要展现出精神饱满、谈吐优雅、气质良好且专业的形象，以增强客户对你的信任。

比如，雷军以其真诚、儒雅和不油腻感赢得了客户的信任，特别是很多女性客户，因此小米 SU7 汽车发布后，有 50% 的女性客户。未来会有越来越多的人，因为喜欢这个 IP，而购买这个 IP 生产或代言的产品。

要建立信任感，需要注意以下几点：

第一，以人为核心。

过去，建立品牌的逻辑可能就是不停地做广告和渠道，但现在，转而以人为核心建立品牌。例如，"与辉同行"就是因为董宇辉这个鲜活的 IP 而成立的，并且直播间销售额达到了全网的 TOP 级别。

无论是传统行业还是微商行业，都应该意识到人的重要性。在此基础上，再以真诚和专业去打动客户，这样成交就会变得更容易。

第二，传递价值观和生活方式。

你的生活方式、人生理念，会让客户感受到一种高级感。这种价值观和生活方式的理念传递，都能增强客户对你的信任。

我们曾有一位从事家庭教育的女性 IP 学员，她最初因缺乏客户的信任而难以售出自己的产品。后来，她开始在直播间分享自己的经历，并寻求如何解决她在原生家庭受到伤害的问题，还希望用这些解决问题的方法去帮助更多的人。这种真诚使得客户主动下单购买她的直播课程。

在这个过程中，通过分享自己的故事，唤起共鸣，客户会觉得她的经历中有自己的投影，形成投影之后，就会寻找自己想要的东西，即形成一种希望，从而建立起信任。所以，你越真实、越有温度，越容易建立起信任度。

总之，你需要同时具备理性和感性的沟通技巧。感性上的共鸣，可以使客户更容易信任你，而理性上的逻辑和事实，可以加深客户的认知。通过这种综合的方式，销售人员可以更有效地与客户建立信任，并促成交易。

信任是综合维度构成的

信任，是对一个人综合维度的判断和分析，它涵盖了专业能力、价值观、过往交互等，很难用一个词来概括。

第一，个人形象、气质、穿搭、言谈举止、声音、手势、讲话的质感等，都是构成信任的重要因素。以声音为例，在线上的训练营中，我是不露面只出声音的，但是很多人听到我磁性的声音以及干货满满的交付，好评率几乎达到了 100%，线上的升单率也超出了行业的平均值。

第二，对一些问题的理解深度和底层逻辑能够显示出专业性，从而赢得客户的信任。

第三，过往的交互经历，也是建立信任的重要基础。

第四，成功的案例，尤其是那些反差强烈或经历艰辛达到结果的案例，能够有效增强信任感。

第五，行业权威人士的认可和背书，也是建立信任的有效途径。

第六，个人生活态度和透明度，也是建立信任的要素。乔哈里视窗理论将人际沟通的信息比作一个窗子，分为开放区、隐秘区、盲目区和未知区。信任的缺失，往往源于未知的东西太多。当你在客户面前展现出极高的透明度，客户会更加信任你。比如，你分享你的人生故事，可以让客户看到你人生不同的一面，包括一些有趣的事和出糗的事，这样能够增强客户对你的信任。

第七，个人的价值观也是建立信任的关键。比如，我的价值观是"帮助别人成功"。这种价值观会让人觉得我是一个正心正念、真诚、利他的人，这样也会增强客户的信任。

建立信任是一个复杂的过程，需要从多个方面进行努力。通过提升个人形象、展现专业性、分享个人经历和价值观，可以逐步构建和增强客户的信任。

是成交，还是成就？

让对方感受到你不是想成交他，而是想成就他，主要有以下几个要点：

第一，正确的顺序和节奏。

就像谈恋爱，需要先相互吸引，邀请对方吃饭，分享人生故事，逐渐培养好感。这样的顺序，更有利于促成这件事。

成交也应当遵循适当的步骤，一开始就直接推销产品，往往会遭到拒绝。而采用循序渐进的方式，通过提问发现客户的问题，总结并确认他们的需求，可以让客户觉得你是来帮助他们的，而非单纯地推销产品，这会让客户感觉很舒服，成交也就容易达成。

第二，倾听。

在传统的销售模式中，我们经常会在客户提出一个问题后就立即转向产品介绍了。其实，更有效的做法是认真倾听客户的问题，认真回答，并记录客户的需求，最后提供解决方案。这种以客户为中心的方法，可以让客户感受到你真正关心他们的问题。

第三，发心。

如果你的目的是解决客户的问题，而不仅仅是为了销售产品，这种发心，客户是能感觉出来的。

总之，你只要通过正确的顺序和节奏、积极的倾听以及真诚的发心来构建与客户的关系，客户就能感受到你真正想要帮助他们。这种感知能显著提高成交率，并与客户建立长期的关系。

给出精准解决方案，获取信任和流量

关于这点，我的解决方案是：

第一，刻意练习你的日常语言表达习惯。

第二，学会提炼、萃取产品的卖点、客户的痛点，以及产品与竞品的差异点。

培养提炼和萃取信息的习惯，便于客户快速识别你的产品是否符合他们的需求。比如，客户特别希望在交付后有获得感，你可以在完成交付后，提供一个 SOP，这就是跟竞品的差别，我们不只是内容讲得好，更有配套的 SOP 帮助客户落地。

如何增强高客单客户的信任?

为了增强高客单客户的信任,以下是一些建议:

第一,高客单客户的信任,叫化繁为简。因此,要让自己更加简单、真诚。当客户提出需求时,直接提供价值和解决方案,让他们先体验产品或服务。

第二,高客单客户对合作伙伴的个人品质有更高的要求。比如,你的能力很强,但你很功利,或者你目的性很强,对方可能就不会选你。所以,越是高客单价客户,越会希望合作伙伴是可靠、利他且价值观正确的。

第三,高客单价客户会评估你对工作的态度。你是单纯为了赚钱,还是真正想把事情做好,他会有一些衡量指标。

第四,你需要展示出你对长期合作的承诺和对客户的利他意识。

比如,刘 sir 和我讲出书,不是泛滥出书,而是只出代表作。"代表作"这三个字很打动我,让我识别出在这件事上,刘 sir 拥有匠人精神,而不是用这件事快速圈钱。

如何与客户持续地建立信任感?

要想和客户持续地建立信任感,可以参考以下几点:

第一,展示你的进取心。可以通过在朋友圈分享自己的学习经历,展示自己的成长和进步,客户就会对你产生认可,从而增强对你的信任。

第二,提供持续支持。在一次服务结束后,继续提供更多力所能及的支持和帮助,可以增强客户的好感和信任。比如,客户有场地需求,你可以帮他匹配场地资源;他有人力需求,你刚好有适合的人才,可以推荐给他。

第三，展示你在专业维度有更好的结果。比如，我已成为"连麦战神"，但我还会在连麦方面继续精进和学习，客户就会觉得，我在业务方面精益求精。

失去信任怎么办？

下面是几种容易失去信任的场景和应对措施：

第一，承诺过多，交付不足或在交付过程中拖沓、拖延，让客户体验感不好，从而失去对你的信任。比如，客户要求今晚 12 点之前交付，你却到第二天晚上 12 点才交付，这就会让客户觉得，你不够重视或者你在进度把控方面有问题。

因此，一定要避免过度承诺，要确保按时交付，提高客户体验。

第二，分润不透明，会让客户产生不信任，不敢与你长期合作。因为，合作中涉及分润，是非常敏感的部分。所以，一定要确保合作中的分润机制透明，以增强合作客户的安全感。

第三，遵守约定。一定要遵守合作约定，对于约定之外的部分，需要提前沟通，这样可以极大地增强信任。因为这涉及关键的利益部分，一定要沟通到位，契约精神很重要。如果你有一次没有遵守约定，那么在下次合作中，你的沟通成本就很高。

第四，注意个人形象和专业形象，以提高客户的好感度。假如你想服务高客单价客户，但你的穿搭却很随意，可能就会让客户认为你不够专业，也不够重视。

大家不妨思考一下，你是否曾在没有详细了解产品的情况下就购买产品了？原因是什么？

如何做好签单系统

签单系统是多个维度综合组成的

我的签单系统，主要由以下几个维度构成：

第一，客户档案系统。

当客户初次接触时，建立详尽的客户档案系统，可以更好地理解他们的需求和偏好。

第二，能量状态系统。

在与客户沟通前，确保自己有一个良好的状态。我们在签单里有一条规定：**状态不好不签单，能量不高不沟通。**

第三，前期竞品调查系统。

在与客户沟通之前，我们对客户进行深入的需求分析和竞品调查，以确保客户在提出需求时，我们已做好充分准备。

第四，沟通流程。

我们有一套标准化的沟通流程，称为"天龙八'步'"。

第五，跟进系统。

沟通之后，无论客户是否购买，我们都有一套跟进系统。我们会根据客户的不同行为，比如支付全款、支付定金或支付诚意金，采取不同的跟进措施。如果客户没有下单，我们就会持续跟进；如果客户已经下单，我们就做好服务。

第六，复盘系统。

复盘是签单能力中一个很重要的能力。在所有步骤进行完之后，要进行复盘，以迭代和优化流程。分析在签单过程中做对了什么、做错了什么，从而不断增强自己的签单能力。

这里，我提到的系统是一个结构性的框架，包括档案和基本表格。在每一套系统里，我们都有一套 SOP。比如，在能量状态系统中，我们会规定什么时候开视频，要注意什么（女生要化妆，不能素颜，早饭不建议吃得过饱等）。

销售成交的七次接触理论

在签单系统中，一次接触和多次接触，有很大的区别：

在第一次接触时，客户可能只是通过你的朋友圈、直播或短视频了解你并产生了兴趣。但对 IP、公司或产品还缺乏深入的了解。所以，你要花时间去介绍 IP 或公司，帮助客户建立系统的认知。在这个阶段，我们的目标是通过"种草"，让客户有一个深度认知。

比如介绍产品时，客户可能会因为对产品价值缺少认知而认为价格过高。只有当客户认可产品的价值时，价格才不是问题。

对于多次接触的客户，他们通常已经对你有充分的了解。在这个阶段，就快速介绍自己和公司并专注于解决他们的关键问题，便于完成签单。

销售成交的七次接触理论能够有效促进客户下单。人们在看到新鲜事物时，往往会先引发好奇心或关注，但要完成决策则需要一个周期。因为一个人对事物的喜爱，通常需要多次接触才能形成。在这七次接触中，有几个核心点：

第一，接触频次。

比如，央视广告在黄金 12 点或晚上 8 点高频播放，目的就是劈开脑海、植入记忆、占领心智。所以，多次接触的本质就是占领心智的过程。

第二，呈现深度。

如果广告语呈现得好，客户每次观看都会被植入心智。当客户看到七次以上，如果产品足够好，他们就会想体验和购买。

我们曾与一位做企业私域的 IP 合作，她受腾讯、企业微信官方的邀请去做内部分享，服务的客户包括云南白药、小罐茶等企业。她的案例比我们高一个维度，影响力比我们更大，她合作的客户都是公域有几千万粉丝的网红。一开始，我们并不认为她会给我们的服务付费，但在七次接触之后，她认为我能帮助她完成签单，疑虑得到解决之后，她直接支付 10 万元，成了我的客户。

她加了我的微信，看了我的朋友圈，并旁听了我与高海波的连麦直播。她识别出我能帮助她，于是主动付费进行咨询。

在这个过程中，我始终保持容光焕发，情绪充沛，状态饱满。这些都源于我对自己的管理，如调整声音、空腹直播、开播前调整好状态等。

在签单时，我不会先介绍产品解决方案，而是先提问，讲解案例，再去挖掘客户的痛点和需求。分析完之后，我发现她需要一个会连麦、会做发售的人，帮她做一场发售。通过我们的沟通，她觉得我提供的方案正是她想要的。

在整个过程中，即使她还没有支付全款，我也会跟进她三次以上。因为他们公司有上市公司投资，所以需要一个完善的合同。我们通过跟进系统，从合同跟进到最后付款，都是按照流程进行的。

成交流程的注意事项

在成交过程中，有一些注意事项：

第一，成交是有流程的。

成交是一个有流程的活动，但在执行时不要刻意流程化，而应该将流程内化成一种语言习惯，让客户感觉舒服。每个人的表达习惯不同，有人讲话热情、优雅、幽默，有人讲话平缓，无论是哪一种，都应将方法融入自己的表达风格中。

第二，高客单价客户更讲究精准性和高效性。

在与高客单价客户沟通时，应该提供足够的信息，让他们迅速识别出你能提供的价值。这里有一个比较好的操作技巧，就是罗列你能提供的服务，并附上对应的价值和价格，以便客户快速了解和分析。

第三，识别客户已经完成的流程，并跳过这些步骤。

比如，如果客户已经足够了解产品，就没必要再做长时间的自我介绍，否则会让对方变得不耐烦。

第四，不要为了沟通而沟通。

为了持续激活潜在客户或增加潜在客户的购买意向，一定要不停地寻找沟通节点和需求节点，不要为了沟通而沟通。高客单价客户不希望闲聊，因为会降低彼此的价值。

我们可以识别并找到客户急需解决且我们能提供顺手帮助的问题，然后象征性收费或者免费提供服务，这样可以建立进一步的信任，让对方觉得每次的交流都是有价值的。

第五，确认客户的意向。

在签单过程中，一定要与客户确认每一步，这会让客户感觉到被尊重且能展现你的专业度。

第六，复盘和优化。

想优化签单流程，可以多复盘。通过复盘自己的谈单过程和签单过程，可以找出哪些环节有遗漏。好的复盘习惯有助于迅速识别成功之处和找出提升空间。

在这个过程中，应注意识别沟通环境的质量，比如背景嘈杂，这可能会影响沟通的体验感。

高客单的签单系统

在和客户多次高频的接触中，想用好签单系统，关键在于有没有遵循签单流程。因为系统里有逻辑、步骤，必须按顺序执行。如果跳过第一第二步，最终还是需要返回把第一第二步补全。比如，如果没有进行客户分析，那么在后续过程中必须补充。因为，如果你提供的信息不符合客户需求，这说明你的客户分析没有做好，对方的关键需求未能准确萃取。所以，在与客户沟通时，建议打印这套系统流程，并对照检查一遍。

在销售过程中，我们应该快刀斩乱麻，迅速解决客户的疑虑和问题。比如，客户迟疑，我们应该与客户深度沟通，找出问题所在并当场解决，以免留下未解决的小问题，否则会影响后续沟通效果。

因此，要想当场签单，当场达成意向，就不要拖泥带水。即使面对高客单价客户，也应果断推进销售节奏。因为对于高客单价客户来讲，帮助他们确定节奏往往是有益的，不用害怕会因此失去客户。

通过 ABC 分类法识别哪些客户能快速签单。在签单过程中，即使犯错也比不做决策好。如果你犹豫不决，客户可能会选择别人，因为他们的需求总会有人能满足。

在销售过程中，不要拖泥带水，不要怕失去客户。销售本身就是从失去客户开始的。在实践过程中，总会有一些不足的地方。重要的是要勇于尝试，不断练习以提高技能。

最后，建议大家保持 80 分，稳定发挥，不要追求超常爆发。大家不妨思考一下，你过去的签单里，是否遵循了相应的流程？这个流程是什么？

如果你要完整的签单流程，可以联系我，或围观我的朋友圈。

客户的裂变与增长方法

在传统微商模式中，传播主要依赖利益机制、分润机制，即依靠私域裂变来实现产品的推广。

但是，当前的市场环境已经转变为以"人心红利"为主。如果客户认可产品，哪怕没有分润，也会愿意帮忙推广。比如，我的一篇十年体文章一经发布，便有很多人主动帮我转发，这完全是出于对文章内容的认可和对我个人的信任。

反之，如果产品质量不好，即使有分润，客户也不会愿意帮忙推广，因为现在客户更注重自己的声誉和品牌形象。

所以，在这样的时代背景下，不要想着像微商时代那样，采用利益驱动的推广方式，而是应该致力于赢得客户的认可和信任，这样他们才更愿意帮忙推广。

如果再有一个合理的激励政策，便可以通过私域流量实现快速裂变，吸引很多精准的客户。裂变的流量转化率，往往高于从公域来的粉丝，因为这些客户已经通过熟人的推荐对你具有了初步的信任，从而提高了转化率。

获取流量的渠道

流量获取可以通过以下几种渠道实现：

第一，公益直播、短视频。

通过公益直播或制作短视频内容，可以吸引观众的注意力，从而增加流量。

第二，付费投流。

通过支付广告费用，在各大平台进行广告投放，以获取目标客户群体的关注。如果是付费投流，一定要注重 ROI 值和后端的升单体系设计，确保自己的投入有正向回报。

第三，出书。

通过出书，可以扩大个人或品牌的影响力，吸引读者群体，从而增加流量。

第四，合作推广。

与行业内的知名人士合作，通过他们的影响力实现强强联合。

第五，客户推荐。

让那些已经付费的客户，在朋友圈帮你宣传，帮你转介绍，通过口碑传播来获得流量。

裂变增长与流量

裂变增长的本质是人心红利。我认可你，你在我心目中是一个具有高价值和信誉的人，我就更愿意帮助你。

所以，裂变增长的本质在于客户对 IP 的认可以及合理的激励政策，这两者的结合，就起到了裂变增长的作用。在私域中，人际关系是最重要的因素。私域的定义，包括私域资产的传承和客户终身价值。通过经营私域客户的终身价值，实现小流量大变现。

为了获得裂变性增长，需要围绕人的核心要素进行考虑。第一，人要靠谱。第二，产品要靠谱。第三，提供有吸引力的激励政策，能通过裂变解决流量获取的问题。

比如，我们操盘一个家庭教育裂变增长的案例，170 人的裂变战队成功吸引了 1 万多人进群，个人私域流量也增至上千人，而且这些新增流量大多来自熟人的推荐，属于精准流量。

如何做好客户裂变与增长？

我们在为升学规划领域内的头部 IP 做私域流量增长策略时，首先进行了详细的盘点。他的私域原拥有 8000 多人，我们的目标是这次进群人数约为 3000 人。为了实现这一目标，我们采取了以下策略：

第一，沟通与激励。

我们先与 IP 沟通，鼓励他分享平时收费千元、万元，甚至 10 万元的宝贵知识，以此来做激励政策，对客户展现足够的诚意。在裂变营销中，最大的失败往往是因为缺乏诚意，不够利他。

所以，我们与 IP 合作前，通常要看对方是否愿意成就别人。

第二，预热与招募。

为了活动的成功，我们进行了预热铺垫并招募了一支专业的裂变团队。这支团队由一些在裂变营销方面经验丰富的人士组成，与我们一起助力这次活动。

第三，裂变方法。

除了激励政策，还需要提供裂变方法。许多客户并非不愿意参与，而是没有方法，可能也不知道如何发朋友圈，或者不知道如何撰写文案。所以，我们设立了共创营，提供朋友圈文案和宣传材料，并解决裂变过程中的常见疑虑和卡点。

第四，赋能政策。

除此之外，我们还有很好的赋能政策。在活动的最后一天，我们会为参与裂变的前几名提供一次流量赋能的机会。比如，在直播间进行一次流量曝光，使他们能够直接获得微信好友。

在裂变过程中，我们特别设立裂变共创营是为了确保参与者不仅能够助力发售活动，还能获得认可。**裂变的本质是，我们给予的远远大于参与者的付出。**只有当参与者感到他们的付出得到了相应的回报，裂变才能持续进行。如果参与者在裂变过程中没有收获，就会否定这次活动并感觉自己被消耗了。

所以，我们做裂变，要确保参与者在裂变过程中被滋养，而不是被消耗。这是**私域营销的本质，即不消耗别人，而是滋养别人。**

裂变与增长的途径

高客单成交，本质是高势能成交低势能，高能量成交低能量。在做裂变式营销时，我们采取了一种众星捧月的策略，比如 200 个人共同支持一个人，使其更容易获得成功。如果想广泛传播，你首先要找那些最认可你的人来帮你传播。如果连最认可你的人都不愿意帮你传播，那么不认可你的人帮你传播，几乎是天方夜谭。

通过激励那些最认可你的人，让他们帮你推广，就像在水里投入石子，涟漪会逐渐扩散开来。所以，我们需要筛选出最认可的客户，进行深度共创。首先从最核心的客户开始传播，其次是付费客户，最后是意向客户，这符合引爆点理论。

实施裂变与增长，有以下几个途径：

第一，共创打榜。

营造能量场最好的方式，就是打榜。

打榜时，通过设置一些奖励政策和战队文化，营造能量场，可以给参与者一种层层游戏闯关的感觉，从而激发参与者的动力和兴趣。

第二，寻找有深度交往的盟友帮助传播。

寻找那些与你有深度交往的盟友帮助你传播。他不仅对你认可，而且如果你在过去帮助过他，他也会反过来帮助你。

第三，培养裂变战队。

长期培养一支认可你的裂变战队，他们愿意长期跟你学习，也想做裂变。因为这不仅能为他们带来能量，还能通过这种方式帮助他们获得副业变现，并借此掌握能力。

私域的高客单裂变，是未来三五年必须要做的动作。大家可以思考一下，你有没有帮助别人做过裂变，是基于什么帮他做裂变的？

客户的生命周期管理

　　在客户管理方面，有些人会建立专门的客户档案，有些人却很随意。这种差异往往与个人的私域意识有关。如果我们认识到，我们的服务目标是客户及其后续发展，那么我们就会愿意投入足够的耐心与时间。相反，如果我们认为服务只是一次性的，那么我们可能就不愿意建立档案，甚至连标签都不愿意打。

　　因此，我们必须培养对客户终身价值的认识。私域客户加了微信后，即使今天不付费，明天不付费，但早晚有一天会付费。今天购买了 A 产品，没有升单或复购，并不代表以后不可能。如果当前的需求没有得到满足，他们未来还有机会再次成为你的客户。

　　所以，做私域一定要有耐心，要有培养私域的意识。就和打仗一样，养兵千日，用兵一时。如果没有长期培养私域的意识，着急变现，无异于打一场没有胜算的仗。

　　以下是我培养私域的一些方法：

第一，朋友圈定期做干货分享。

　　别人加你的微信，肯定对你的专业知识和人设感兴趣。所以，我会分享一些干货文。这类文章可以为客户提供稀缺的价值，一般能获得很高的点赞率。

第二，展示个人成长的过程。

人们喜欢看真实的人和事，就像他们喜欢看偶像的成长过程一样。在私域中，客户也喜欢看到一个厉害的人的成长和进步。所以，展示自己的成长过程，可以提高 IP 的价值。

第三，展示自己的成功案例。

通过展示你帮助哪些人拿到什么结果，可以增加客户对你的信任和兴趣。

第四，设计私域内的互助性活动。

私域里的互助性设计，让客户有参与感。比如，为了帮我更换微信头像，会有近千人参与这个过程。这让客户觉得他们是朋友圈的一部分，而不仅仅是一个冷冰冰的被销售的对象。

做好客户生命周期管理的难点

做好客户的生命周期管理的难点，在于是否有足够的耐心。我们在辅导 IP 和客户的过程中，发现很多人不愿意做又苦又累的工作。但是，为了有效地管理客户，我们必须做日常的基本工作，如对客户画像的描述、分类。遗憾的是，许多人既想要通过私域获得高变现，又不愿意做私域的基本工作。

所以我们经常强调，你是否愿意为你的目标付出相应的努力是成功的关键因素。

既然我们认识到私域有高价值，就应该在私域管理上投入相应的资源。然而，很多人不愿意这样做，好比他们想通过出书获得大量曝光、引流和知名度，但又不愿意为出书付出必要的努力。

如何做好客户生命周期的管理？

生命周期管理，是指做好私域的长周期经营，不是为了一次成交客户，而是为了长期经营客户价值。对于私域客户的认知，决定了我们愿意投入的程度。有些人群发客户后看到有的客户不回应，就可能把他删除或拉黑。之所以会有这样的思维，是因为他们没有意识到客户未来可能与他们产生联结。

所以，我们不轻易转发或群发信息。因为我们尊重客户的价值，理解客户的处境，可能在未来五年、十年，甚至更长时间内与客户建立付费关系。所以，我们不会轻易删除和拉黑客户，而是会充分理解和尊重客户暂时不回应的原因。他们可能还没有到达那个需求节点。所以，我们在行动上应该多一些理解，多一些共情，多一些付出意识。

这本质上是认知问题，认知不到位就会导致各种行为的偏差。当我们认为一个客户可能是长期合作伙伴时，我们就会愿意在他身上多花一点时间和耐心，这是一种长期思维。

在我接触的案例中，大约 70% 的问题是认知问题，还有 30% 属于技巧问题，比如不会群发技巧。就像前面提到的群发信息，不是不能做，在某些场景也是可以做的。比如，知道在什么节点群发，群发后，要给客户一些补偿，因为你未经别人允许打扰了他们一次，就应该有来有往。客户不介意被打扰，他们介意的是被没有诚意地打扰。

要想做好客户生命周期的管理，我的建议是：

第一，打好标签，做好客户描述，这些都是基本工作。 比如，给客户打标签，你要知道客户属于高付费、高意愿、高潜力的 A 类客户，还是需要花时间培养的 B 类客户。

而且标签应该是动态的，今天是高意愿，明天可能就变成了低意愿，那么就需要及时更新标签。

第二，时常关注客户。 我们不能仅仅把私域视为盈利工具，而应该真正地帮助客户创造价值。所以，了解客户是基础工作，就像高楼需要坚实的地基一样，做好私域，也需要打好基础。了解客户的一种方式是，查看客户的朋友圈。

第三，培养经营朋友圈的习惯。 为什么有人不愿意经营朋友圈，因为觉得发朋友圈麻烦，短期内看不到效果。除非你的人设非常强大，否则肯定需要长期经营朋友圈，才能看到效果。

所以，我们经营朋友圈，一定要有耐心，无论有没有人来咨询，都坚持发朋友圈。当然，有时我们可能会遇到不同生命周期的客户，需要我们去维护。针对这种情况，我的建议是：

在客户标签管理中，不要急于下定义。随着时间的推移，我们的定位可能会发生变化。

比如，我以前是做教培的，后来我做 IP 流量，之前是以宝妈群体为主，现在我以服务 IP 为主。因此，应该保持开放的心态。

所以，在客户的生命周期管理里，我们要针对不同客户的不同阶段，提供不同的服务。除此之外，我们对所有客户都要保持耐心。即使客户暂时不是目标客户，我们也要保持耐心和持续的关注。

我们之前有位老学员，一开始他没有续费的打算。但因为我们长时间给予关注并送礼物，第二年当他有需求时，就找到我们续费。

他说，虽然我已经不是你们的学员，但你们还在不停地给予关注，这与其他 IP 不一样，你们很有温度，所以我今年有需求，就找你们继续付费。

这就是，无心插柳柳成荫，但行好事莫问前程。

高客单客户的长期价值管理

高客单客户，通常具有强烈的时间意识和对效率的高要求。如果你能帮助到他，他往往愿意为你付高客单价。只有极少数人可能想"白嫖"，或想利用你的价值。

所以，在做高客单客户的生命周期管理时，我们更应提供额外的价值。比如，豪华汽车品牌为了吸引客户，会提供音乐 U 盘、拖鞋、矿泉水、雨伞，以及鲜花、水果、点心等。虽然这些附加品的成本很低，但可以让客户感到舒适，感受到被服务的体验。

尽管有极少数客户不在乎服务和体验，但大多数客户会记住这种好的服务体验且可能会帮助传播。因此，在服务高端客户时，我们应给对方提供额外价值，这样我们也会获得更多的机会。

以上是普通客户和高客单客户的价值管理。接下来，我们讨论终身客户如何进行生命周期的管理和迭代。因为我们自己在迭代，所以管理客户的迭代，本质上是用我们的迭代与客户同步。当客户看到我们的变化时，他们会感到惊喜。

具体的操作是，当我们的产品或服务升级时，我们应该通知客户，了解这些升级如何影响他们的交付权益。总之，**我们要始终把客户装在心里。**

不要把客户当作一锤子买卖的对象，而应该当作终身服务的对象。你有没有体验过类似的长期服务？对方在哪些方面做得好，让你愿意复购？

如何做好超预期服务

客户下单购买产品后，就是服务的开始，这主要体现在以下两个方面：

第一，客户被你成交之后，会对你的交付抱有期望。成交本身不是服务的结束，而是真正交付和服务的开始。我们应持续跟进客户的交付过程，确保满足他们的预期。

第二，我们需要抓住客户的峰值点。客户可能不会对所有细节都很关心，但他们对某些关键点非常关心。比如，客户支付后，会期待立即得到回应。所以，在交付过程中，我们会安排紧凑的时间表。比如，客户支付后，我们会立即与他们沟通，准备将他们拉进群组并进行介绍，同时为他们开通课程链接。

如何打造超预期体验？

1. 塑造产品价值和超预期交付

为了促进客户下单，销售人员需要在语言表述上进行适度的包装，以吸引客户的兴趣。如果不做包装，客户可能不会产生购买欲望。针对这种情况，我们可以把产品包装一下。在这个过程中，关键在于交付时超出客户的预期，提供超过他们期望的价值。

比如，交付必须迅速跟上，否则客户会有失落感。交付的质量应该高于销售时的承诺，以确保与销售时的描述相匹配。我喜欢的交付形式，是承诺 7 分，做到 10 分，这会让客户有超预期的感觉。相反，如果承诺 10 分，做到 7 分，客户就会有失落感。

当然，有人会认为塑造 IP 和产品价值是多余的，但我不这样认为。因为客户不清楚他所购买的产品的含金量，所以，无论是销售人员还是 IP，都应该把产品价值讲清楚，准确传达交付的价值点，而不是过多地强调价格。

比如，在一个高客单社群中，你需要萃取提炼和表达社群的价值。社群中的优质人脉可能非常有价值。一个精准的付费客户，如果是宝妈群体，可能价值 300 元；如果是高客单的女性群体或高客单的付费群体，可能价值 500 ~ 1000 元。如果一个社群有 300 人，那么这个社群的潜在价值可能高达数万元，这就是价值点的清晰描述。

在销售过程中，我们应该专注于传达一个清晰的价值点，这样客户就能识别出来。这是所有想把产品卖好的人必须掌握的基本技能。

至于超预期交付，我们可以交付在宣传时没有承诺或没有充分说明的额外价值。比如，如果产品在服务期内进行了重大升级，客户可以免费获得这些升级产品，这将超出他们的预期，客户可能就会复购和升单。

所以，客户的第一次购买，只是建立信任的开始。我们应该想如何让客户终身复购，终身选择我们的服务。我们的交付，应该是一个让客户愿意再次购买的过程。

2. 独特卖点与超预期交付

独特卖点的提取，指在销售过程中传达的最核心的价值。而在交付过程中，超预期的交付不仅体现在整体的交付过程上，更体现在自己产品的独特卖点上。比如少帅咨询的核心优势在于，不只懂商业，也懂教育，所以我们的产品体系不仅课程中收获满满，还能够带着学员训练改变。

在这个过程中，要想做到满意的产品交付，最重要的是兑现当初的承诺。比如，如果承诺有多少场闭门会，那么这些会议是否已经举行？承诺过的是否已经兑现？客户对交付是否感到满意？

所以，交付的边界感在于承诺的兑现。如果你能兑现承诺，甚至兑现得更好，客户就会满意。因为客户有心理预期，这些心理预期来自你当时的宣传。

这也解释了为什么现在很多人在买房子时，如果开发商承诺的是精装交付，结果却是毛坯交付，就会感到很失望。如果交付的房屋超过了样板房的标准，那就是超预期交付了。

当然，有些客户即使在基本要求得到满足后，过一段时间还是觉得产品没有价值。针对这种客户，我们要及时地在现场做验货确认以及价值塑造。如果我们交付后客户不满意，少帅咨询是有零风险承诺的，即不满意可以退还学费。

如果客户从头到尾都不体验，我们有告知权，比如，产品即将到期并邀请他们来体验服务。如果他们还不来体验，我们可以提供延期服务，让他们有机会再次体验我们的服务。

对于突发情况，我们可以做一些补充说明，这样客户就会觉得我们不仅提供相应的服务，还示范了如何做好风险管理，这也是交付的一种形式。

交付和服务的关系

交付和服务是相互包含的关系。交付是标准化的，服务则具有一定的弹性。

在交付过程中，往往很难包含引导性的元素。如果销售人员不主动提出，客户可能不会意识到某些方面。一旦提出，客户就可能产生相应的意识。所以，做产品售卖时，不要提供过多信息，以免客户难以做出决策。相反，我们要抓住关键信息，帮助客户做出决策。

服务具有一定的弹性，能满足客户的情绪梳理和个性化需求。服务的本质是帮助客户体验产品或服务，并完成整个交付过程。

所以交付和服务，是相互包含的关系。交付是服务的一部分，服务也是交付的一部分，彼此又是相互促进的关系。客户在互动过程中，会遇到一些个性化问题，这些问题可以通过服务来补充解决。比如，有些客户需要课件，而这些课件在交付中可能没有提供。在这种情况下，服务可以提供一个类似于课件的笔记，去满足客户需求。

超预期服务

在服务过程中，很多服务人员可能表现得很机械。客户问是否有某项服务，如果说没有，可能会成为客户不满意的理由。我们在服务中，一定是以人为本，最大限度去满足客户合理的需求，只要这些需求不违背原则。

海底捞的服务员拥有一定的决策边界，只要能满足客户的需求，且没有超越标准和边界，就可以提供服务。比如，你想吃西瓜，吃完还想打包，海底捞会给你提供一个西瓜，他们会在自己的服务边界内，最大限度地让客户满意。

高客单交付也一样，只要客户的需求合理，我们应该尽可能满足他们，而不是拒绝他们。

超预期服务还包括节点式服务，比如，在高客单交付中，我们会为客户提供专车服务、送花服务，或者在客户犯困时提供茶饮服务。让客户觉得，你充分考虑了他们的需要。

超预期交付的原则

超预期交付应遵循以下几个原则：

第一，不要过度承诺，要考虑交付的实际多种情况。

过度承诺和塑造价值是有区别的。塑造价值是把价值点表达到位，而过度承诺则是承诺原本无法实现的效果。比如，拍短视频，我们可以承诺带来新增流量和关注，但不能承诺一定能涨多少粉丝，除非我们能实现。

第二，预期不要太高。

过度提高客户的预期，可能会导致交付产生问题。比如，出书时，我们不能承诺出版 100 万册，如果最后只出版了 5 万册，客户可能会觉得很失落。我们应该设定合理的预期，并明确告诉客户这些预期的价值。

第三，把握关键节点。

客户所有的互动都会有时间节点。比如，在物业服务中，我们不需要每天都去找客户，而是在他们需要帮助的时候提供服务；在出书的选题服务中，客户不知道他们需要服务，但我们可以提供关键节点的服务。

总之，交付和服务是相辅相成的，我们应该在标准化交付的基础上，提供弹性的服务，以满足客户的个性化需求，并在关键时刻提供超预期的服务，以提升客户的满意度。同时，我们应避免过度承诺，并设定合理的预期，以确保客户在交付过程中的体验。

塑造价值，给客户超预期体验

塑造价值的核心，是抓住客户的需求，并清晰地传达产品的价值点，因为客户无法自行识别出产品的价值点。比如，参加一场闭门分享会，其价值可能对客户来说并不明显，但通过我们的语言塑造，可以让客户明白闭门会是一个专题性分享，旨在解决专题问题。比如，专门讨论新书如何发售，以及如何实现百万级销量的方法论。

我们这场闭门会是按照十万元级产品体验打造的，所以这场闭门会价值超过客户付的万元费用。通过塑造价值，让客户在听完之后会更加珍惜本次体验。所以，我们要学会萃取产品的关键价值点，并确保这些价值点能够被客户理解和获得。

价值与价值感是两个不同的概念，贵与感觉贵也是两个不同的概念，产品的价格可能昂贵，但客户可能并不了解其价值。所以，我们需要通过语言来传达产品的价值感。传达能力很重要，但很多人没有意识到这一点。价值感类似于为什么我们在朋友圈塑造人设，以及为什么要传递价值感。因为客户不知道我们的专业水平。

通过传递价值感，客户能够识别出我们的产品价值感很高。比如，我们为客户提供一对一咨询服务，1 小时收费 1 万元，可能会有客户觉得贵。因为很多客户对我们没有认知。所以要提前讲透，为什么我们的咨询收费是 1 小时 1 万元，我们能提供哪些高价值的服务。否则，客户会觉得我们随意收高价。

在交付时，不要吝啬给予。客户的成功，就是我们的成功，所以不要害怕客户获得太多价值。另外，大家可以想想，你有没有体验过超预期服务？这种体验是否让你产生了复购的欲望？

持续迭代和升级

时代在变化，周围的事物也在发生变化。为了持续做好项目，我们需要适应这种变化。因为变化本身是世界唯一不变的法则。

我之所以能够穿越三次创业周期是因为我一直在一线实战。我当年做销售，通过在路边发传单、打电话、在酒店或学校教室举办公开课等方式吸引客户，从而实现成交。

然而，这些方法现在不再有效，因为时代变了。这种变化主要体现在以下几个方面：

第一，客户的注意力已经转移到线上，如直播间和短视频平台。

第二，客户对反复触达的营销方式产生了免疫力。就像谈恋爱，如果一个女孩子反复遇到渣男的套路，她也会对这些行为产生免疫。所以，当客户产生免疫之后，我们必须迭代我们的方法。我们不应认为市场有问题，而是应该顺应市场的变化，寻找更有效的方法。

为了适应市场的变化，甚至引领市场，我决定改变自己，更新我的获客方式。我开始打造IP，进行直播和制作短视频。虽然一开始我不会这些，但我可以通过学习和刻意练习来掌握这些技能。通过制作3000多条短视频，我掌握了短视频吸引客户的方法；通过开100多场直播，我掌握了直播引流和获客的方法；通过发朋友圈，我学会了私聊、社群运营以及新媒体相关技能。

我们必须做好随时应对变化的准备，最好的方式是持续学习与迭代。产品开发也一样，过去产品周期很长，研发出的产品可以使用 8 年或者 10 年。比如，以前的汽车是每 8 年进行一次大改款，每 4 年进行一次中期改款，每年进行一次小迭代；但现在的汽车，可能每 3 年进行一次大改款，每年进行一次中期改款，每半年进行一次小迭代。

随着市场环境的变化，我们也要随之变化。比如，现在的奶茶可能每半个月推出一个新款。在这个竞争激烈的时代，客户的需求变化迅速，我们必须紧跟这些变化。迭代能力将是未来所有人想把产品卖好的关键能力。否则，去年畅销的产品，今年可能就无人问津。

迭代升级的瓶颈和阻碍

在产品迭代升级过程中，常见的瓶颈与阻碍主要包括以下几个方面：

第一，不敢设置更高端的产品。

担心设置了更高端的产品，可能没有客户来买单。这可能是因为自己和团队的能力没有升级，无法为客户提供更深度的服务。如果想要迭代产品，必须先升级自己，保持进取心和学习力。如果我们每年都会花很多学费去提升自己，就可以为客户提供更多深度服务。

第二，不了解同行的进步。

很多人可能没有意识到同行已经进步了，结果自己的高端产品只是同行的低配产品。所以，了解同行的发展，对于保持竞争力至关重要。

第三，不了解客户需求的变化。

在短视频时代，许多课程内容已经被广泛传播，客户的认知水平已经普遍提高，这使得传统的知识付费模式变得更加困难。

为了应对这些挑战，我们需要从以下三个方面进行改进：

第一，破除心理障碍。

我们必须认识到，迭代升级是必然的趋势。

第二，大量学习。

"业精于勤，荒于嬉"，我们只有通过不断地学习和实践，才能持续满足业务需求。

第三，了解同行。

一定要了解同行，了解我们的竞争对手，并确保我们的产品始终保持竞争力。

在服务迭代方面，我们经历了从一对多讲课到答疑环节，再到一对一私教产品的过程。后来，随着客户需求的进一步细化，我们又升级到多对一答疑，最终发展成为多对多答疑，甚至直接变成帮助客户操盘。在这个过程中，我们不断迭代升级我们的服务和交付形式，以满足客户的需求。

因为我们认识到，不应试图教育客户，而是要理解客户的抱怨，从中找到更好的解决方案。否则，客户提出一个需求，就去教育他，可能会导致我们错过一个重要的迭代自己的机会。

在迭代期间，我们也遇到了困难，特别是从线下业务转向线上业务时。

我们的痛苦主要来自两个方面：

第一个，对互联网表达形式的不理解。对于传统线下业务人员来说，互联网的表达形式可能难以理解。

第二个，排斥互联网。认为互联网只是一个销售平台，而不是一个提供深度服务的地方。

针对这些阻碍，我们的应对方式是：

第一个，被迫转型。由于疫情的影响，线下校区无法开门，无法给客户交付，迫使我们转型。

第二个，积极学习。在转型过程中，我们学习了大量的互联网课程，以适应新的业务模式。

通过实践和学习，我们意识到互联网是一个充满机遇的平台。我们抓住了这个机会，全力以赴地改变自己的命运。通过参与各种社群，体验不同的服务，我们学会了如何更好地服务客户。

此外，我们还购买了很多短视频课程，通过拍摄大量短视频，理解了短视频的逻辑。我们认识到，只有通过大量的实践，才能真正理解一个领域的逻辑。所以，**实践出真知，单纯地想只会使人焦虑，行动才是治愈焦虑的良药。**

这是我转型最大的心得，我们必须亲自实践和学习，才能真正体验到新鲜事物的作用。我们现在一直保持这种灵敏度，不断体验新鲜事物，以保持业务的竞争力。

未来，迭代力就是竞争力

在不断变化的市场环境与客户需求中，为了持续改进并保持竞争力，需要采取以下策略：

1. 保持一线经验

企业领导者和高管必须深入业务一线，亲身体验市场和感受客户的需求。正如任正非说的，让听得见炮声的人来决策。因此，无论是未来的CEO、IP，还是创始人，都应该永远站在市场一线。客户的需求是企业存在和发展的根本，只有广泛听取客户的声音，才能保持敏锐度和竞争力。

2. 广泛体验产品

企业领导者应当广泛体验市场上的同类产品，包括竞争对手的产品和高端产品。比如，小米创始人雷军亲自体验并研究各种汽车，以获取灵感和经验。通过亲身体验，领导者能够更深入地理解产品的细节和客户体验，从而推动产品创新。

3. 持续精进业务

差异性，来自业务本身的颗粒度要够细。比如，2024年我们通过采用连麦式交付，更深入地理解了客户的需求，并为客户提供了更多元化的可能性和交付。标准化的服务已经不能满足所有客户的需求，每个客户的特质不一样，我们需要根据每个客户的特质，提供定制化的服务和交付方式。

传统销售方式会消失，但销售会一直存在

在当前的市场环境中，有人认为传统的销售模式会被 AI 取代。但是，AI 目前主要能取代标准化和重复性的工作，而对于个性化、有温度、有情感的服务，以及需要深度理解能力和按需定制的工作，目前 AI 还无法完成。所以，AI 取代的是低端的廉价劳动力，那些高端、具有创新能力和深度交互的职业，是无法被取代的。

所以，赢在未来的销售人才或销售型的老板，应该具备以下特点：

1. 要有专业性

销售的成功不仅仅依赖话术，更重要的是靠专业度打动客户。我做任何销售，在赋能非我本身的行业时，一定会做大量的专业积累。比如，在与做私域电商的高海波合作时，我会大量补充对私域电商的理解和体验，并能够用行业内的术语进行有效沟通。专业性的积累是赢得客户信任的关键。

2. 对客户要有敬畏心

不能觉得自己经验丰富就忽视客户的意见。我们要通过有效沟通，理

解客户的需求和诉求，再结合我们的专业知识，提供更加匹配的解决方案。

3. 要有温度

很多销售人员没有温度，温度是人的情绪价值属性，情绪价值是人类的核心需求。比如，"中女时代"的崛起，核心原因是她们更懂得情绪价值，并能为客户提供情绪价值。

社会价值包括实用价值和情绪价值。如果我们能为客户提供情绪价值，就会比同行更具优势。

未来，不变的就是变化本身，销售人才需要不断适应变化，并引领变化。如果你能引领一小步，就可能引领同行一大步。